广东省博物馆藏品大系

铜器与钱币卷

广东省博物馆 编

文物出版社

图书在版编目（CIP）数据

广东省博物馆藏品大系. 铜器与钱币卷 / 广东省博物馆编. -- 北京 : 文物出版社, 2023.10

ISBN 978-7-5010-8214-8

Ⅰ. ①广… Ⅱ. ①广… Ⅲ. ①博物馆－藏品－广东－图集②铜器（考古）－藏品－广东－图集③古钱（考古）－中国－图集 Ⅳ. ①G269.276.5-64②K876.412③K875.62

中国国家版本馆CIP数据核字（2023）第194075号

广东省博物馆藏品大系 铜器与钱币卷

编　　者：广东省博物馆

责任编辑：谷　雨
责任印制：王　芳
责任校对：李　薇
装帧设计：雅昌设计中心·北京

出版发行：文物出版社
地　　址：北京市东城区东直门内北小街2号楼
邮　　编：100007
网　　址：http://www.wenwu.com
印　　刷：北京雅昌艺术印刷有限公司
经　　销：新华书店
开　　本：965mm×1270mm　1/16
印　　张：22
版　　次：2023年10月第1版
印　　次：2023年10月第1次印刷
书　　号：ISBN 978-7-5010-8214-8
定　　价：498.00元

目录

武器与工具

铜镜

文房与陈设器

造像与法器

其他

钱币

总序

广东背依五岭，面临南海，地理位置优越，历史悠久。广东是岭南文化中心地，“海上丝绸之路”发祥地，中国近现代民主革命策源地，改革开放前沿地。郁南磨刀山遗址与南江旧石器地点群的发现表明，60 万至 80 万年前，岭南先民便繁衍生息于这片土地。千百年来，海洋和大陆两种资源模式和文明基因的多元交流与互动，留给广东丰富的文化遗产和自然资源，为广东省博物馆事业的发展奠定了坚实的基础。

广东省博物馆是首批国家一级博物馆和区域文物保护中心，于 1957 年开始筹备，1959 年 10 月 1 日正式对外开放。旧馆位于广州市文明路 6 号（今 215 号），曾是清代广东贡院，后为国民党“一大”旧址和红楼、中山大学天文台所在地。2010 年，广东省博物馆新馆在广州珠江新城落成开放，建筑创意为“绿色飘带上盛满珍宝的容器”，宛如熠熠生辉的“月光宝盒”。广东省博物馆总建筑面积约 7.7 万平方米，每年接待观众超过 200 万人次，是世界各地观众品味岭南文化，领略中华文明的重要窗口。

2019 年，是广东省博物馆建馆 60 周年。风雨一甲子，辉煌六十载，几代博物馆人扎实工作，广征博纳，通过调查发掘、有关部门调拨移交、上级拨款征购等多种渠道，提升博物馆藏品的数量和质量。此外，我馆还得到各界人士的慷慨捐赠，如国内外著名收藏家商承祚、蔡语邨、吴南生、简又文、梁奕嵩、艾地文等捐出大批品质极高的珍品，品类涵括书画、瓷器、丝织品、墨砚、钱币、珐琅等。截至 2023 年 6 月底，广东省博物馆藏品总数逾 23.5 万件 / 套。其中，端砚、潮州木雕、外销艺术品、出水文物、自然资源系列藏品是馆藏优势和特色。特别是馆藏古代陶瓷和古代字画两类传世文物的数量和质量在中国博物馆中名列前茅，陶瓷藏品几乎包括历代各名窑产品，书画中省内外著名书画家的代表作多有珍藏。

为了全面展现馆藏面貌，努力打造“学术粤博”，积极服务公众、回馈社会，我们对馆藏文物进行了全面梳理，从中撷取精华编撰《广东省博物馆藏品大系》。《藏品大系》具有以下三个特点：一、涵盖范围全面，品类齐全。二、如实反映了我馆藏品的面貌及实力，如书画、陶瓷等文物是我馆收藏的大类，各有两卷；杂项文物数量不均衡，故按照文物质地和数量分布，分为两卷。三、突显特色藏品，如出水文物是我馆近年来文物入藏的重点和亮点；广东本地窑口陶瓷器被专门收录；砚台、木雕等以广东产地为主，展现广东工艺，反映区域特色。

最后，向多年来关心和支持广东省博物馆事业发展的各级领导、兄弟单位，慷慨捐赠的社会各界人士，为广东省博物馆事业发展而努力耕耘的所有同事，以及为《藏品大系》编撰工作付出辛勤劳动的专家和同事们表示深深的谢忱！

广东省博物馆馆长　肖海明博士

本卷概述

叶葳

从考古学证据看，埃及及两河流域进入青铜时代早于中国，但中国青铜器以其繁多的数量和种类、独特的造型、绝美的纹饰、丰富的铭文、复杂精湛的铸造技术成为世界青铜器的绝世瑰宝。西方青铜器物以雕塑、兵器、饰件居多，而中国青铜器则以大量用于祭祀、宴飨的礼器为主流。“国之大事，在祀与戎”，我国青铜时代与西方青铜时代最大的不同，在于我国古代青铜器是权力和地位的象征，是统治者维护其统治的工具，有着深厚的宗教和文化内涵，是社会政治生活必不可少的器物。

红铜是含铜量达 99% 的纯铜，熔点高，硬度低，可捶打成器，但不适合做工具。青铜因其铜锈呈青绿色而得名，是铜与锡、铅的合金，熔点低，硬度大，更易铸造，更适合做工具。也有部分早期青铜制品为铜砷合金和铜锑合金。

根据考古发现与研究，我国的早期铜器以及与冶铜有关的遗存主要发现于以黄河流域为中心的北方地区，分属不同时期和地区的若干考古学文化，共计 50 多个地点，700 多件器物，除对个别遗物的年代判定目前尚有争议外，绝大多数早期铜器的年代归属和区域分布已很明确。

早期铜器主要分布于黄河上游的甘肃、青海地区，黄河中下游的陕西、河南、山东地区以及新疆地区。1956 年，陕西省西安市半坡遗址发现一个铜片。1973 年，陕西省临潼区姜寨遗址发现了一件半圆铜残片及一根断裂铜管。碳十四检测显示这两件文物距今约 6700 年（BC4675±135 年），为人工冶炼制成的黄铜，属新石器时代仰韶文化，是我国已出土的最古老冶炼金属。

1977 年甘肃东乡林家马家窑遗址和 1975 年甘肃永登连城蒋家坪马厂遗址各出土了一件铜刀，为锡青铜，前者的年代为公元前 3000 年，后者的年代为公元前 2300—前 2000 年。其中林家马家窑遗址出土的单刃青铜刀长约 12.5 厘米，单范铸造，是已知中国最古老的青铜器，也是世界上最古老的青铜刀，在刀具形成史上具有代表意义。

甘肃马家窑—马厂—西城驿—四坝文化一脉相承，较早阶段已经掌握冶金技术，常常出土以手工工具和装饰品为主的红铜和青铜制品，如刀、斧、凿、匕、锥、钻头、指环等。山西陶寺遗址和陕北石峁遗址也都发现了作为礼器使用的铜牙璧。

新疆阿勒泰地区的通天洞遗址文化堆积层可追溯至四五万年前，在其第七个文化层的灶坑中发现一件铜管残件，成分为铜锡合金，即青铜，距今 5000 多年。新疆出土的早期铜器多是小件装饰品、工具和兵器，质地有红铜、锡青铜、铅青铜、铅锡青铜、砷青铜和锑青铜等。

总之，从新石器时代到夏代，我国黄河流域上游的马厂类型文化、齐家文化，中游的中原龙山文化，下游的山东龙山文化中均有早期铜器的制作，甚至在江汉流域龙山时代的个别遗址中也有所见。这一时期是中国早期铜器的发展期，不仅数量上有所增多，器类也有所拓展，并且采用冷锻、热锻、铸造等多种工艺，铜器的合金配比也多种多样，从而为下一阶段早期铜器的完全成熟奠定了基础。

青铜的物理特性和优势使它在较广泛的范围内替代了石器及陶器，人类最终从石器时代迈入青铜时代。从至迟距今约 3800 年的二里头时期，我国已进入青铜时代。二里头遗址出土了一定数量的青铜容器、兵器、乐器、工具和饰件。虽然这些青铜器造型简单、种类有限，纹饰也不算丰富且较稚拙，但已构建出了青铜器发展的基本框架。进入商代，随着社会发展，青铜冶铸技术不断进步，艺术创造力空前强大，出现了形态各异、品种繁多的青铜礼器、乐器、兵器。青铜器在商晚期发展到了高峰，彰显诡谲狞厉之美的各式青铜器层出不穷。

周代青铜器的发展革故鼎新，既继承了商代遗风，又创造出了属于自己时代的新风貌。礼乐制度的确立，进一步增强了青铜器的象征意义，礼器组合的规模代表了所有者地位的尊卑。丰富的铭文更是历史事件的重要佐证。随着东周时期礼崩乐坏，以及战国后期铁器的诞生，代表着地位和权力的青铜器逐步走向衰退。虽然礼乐器不复往日光华，但生活用器却仍旧丰富、精致，尤其体现在铜镜的发展上。

汉代以后，青铜生活用器普及，虽在器形的庄严宏大和纹饰的诡谲繁缛方面大不如前，但器类丰富，生活气息浓郁，造型精巧别致。铜镜的发展在汉、唐达到顶峰。宋代的仿古铜器，元明清时期的文房用品、香炉、造像都各具特色。

中国古代货币历史悠久，品种繁多，材质多样，铜铸币是历代货币的主流。青铜铸币是青铜器大家族中的一员，它的发展也是随着青铜冶铸技术的发展而不断进步完善的。东周时期，空首布、平首布、刀币、蚁鼻钱、圜钱等青铜铸币在各诸侯国盛行。秦统一中国后，方孔圆钱成为我国青铜铸币的主要形式。半两钱、五铢钱及各式宝文钱等在我国货币史上如夜空中的繁星一般，版本纷繁复杂，铸量难以计数。中国古代铸币文化传播到了东亚、东南亚许多国家和地区，形成了不同于西方的货币文化体系。近代机制币的产生，是中国金属铸币的革命性变革，机制铜元、银币受到了民间的欢迎，也为中国在货币金融领域的近代化发展做出了贡献。中国不仅是世界上最早使用铸币的国家之一，也是世界上最早发行纸币的国家。1024 年，宋朝把民间“交子”收归官办，从而使“交子”成为最早的政府发行的纸币。纸币在元代成为法定流通货币，后经历明清两代的发展，走出了一条独立发展的道路。

铜器和钱币是广东省博物馆藏品中的两大重要门类。广东省博物馆于 1959 年建成开馆以来，致力各类铜器和钱币的征集收藏。截至 2023 年，我馆所藏的传世铜器共 2700 余件 / 套；钱币收藏总量 7 万余件 / 套，既有发掘品，也有传世品。此卷收录的藏品绝大多数为传世品，发掘品则另行立卷。

本卷分为馆藏铜器和馆藏钱币两部分，选取在本馆该类收藏中具有代表性或较为珍稀的藏品进行收录，共 159 件 / 套，其中铜器类藏品 120 件 / 套，钱币类藏品 39 件。

馆藏铜器

馆藏铜器类别丰富，既有商周时期的礼器、乐器、武器、工具，也有汉唐以后的生活用器、宗教造像。在这些藏品中，历代铜镜、金铜佛像、各式铜香炉、铜熏炉、铜鼓的数量占比较高，质量较精。本图录力求遴选我馆铜器藏品中最能代表各个时代、最能代表馆藏特色和收藏强项的文物予以展示，并为学界提供研究物证。

礼乐与世俗

商代青铜器经历了一个器物类型不断丰富，纹饰由简单到复杂的过程。酒器、食器品类不断增加，礼器系统不断完备，形态变化多样。纹饰上从早期简约的联珠纹、目云纹，演变出兽面纹、龙纹、鸟纹、雷纹等各种动物纹饰、几何纹样，且由单层向多层变化。三层花式的纹饰绚丽壮观，雄奇诡谲，既反映了铸造技术的突飞猛进，也展现了商代带有神秘色彩的审美倾向。爵与斝、觚等的酒器组合也逐渐成熟并固定下来，体现了商代的礼制习俗。商代青铜器上的铭文也经历了从无到有，从单个徽记到数十字叙事的演变。本卷收录了七件馆藏商代青铜礼器，其中目云纹铜爵流狭窄上扬，立柱细小，腹外扩，平底，饰目云纹，是典型商早期爵。大父己铜爵、兽面纹铜爵在器形和纹饰上都具有商晚期特色。蕉叶纹铜觚束腰，直腹壁，圈足外撇，口沿下饰蕉叶纹，腹部为雷纹地兽面纹，具有明显商晚期觚的特征。云雷纹铜觚腹部略鼓，两组兽面纹之间有“十”字镂孔，应属商代中晚期器物。云雷纹铜鬲深腹分裆，锥状足，两立耳与三足采用四点配置式分布，颈部饰一周云雷纹夹在联珠纹之间，腹部饰“人”字纹，具有商代早中期特征。

本卷收录的两件西周时期簋都具有该时期明显特色，腹部较商代铜簋浅，兽形环耳下有较大的长方形垂珥，纹饰延续了商代晚期面貌，三层花式的纹样，细腻精致。西周早期，青铜器继承了商代青铜器的器物类型和装饰手法，在演进过程中发生着新的变化。食器进一步增多，酒器逐渐衰落减少，大部分酒器相继消失，西周晚期只有壶还在流行。西周时期，器形变化体现在很多方面，如器物多垂腹，蹄形足，鼎、甗的腹部和豆盘逐渐变浅，方鼎、扁足鼎在西周中期不再行用等。簋的造型变化显著多样，在外形上就有方座簋、无耳簋、环耳簋、三足簋和豆形簋五种，形态上则各有自己的变化脉络，如环耳簋的腹部由深变浅，整体呈渐向扁鼓的趋势演变，环耳下的垂珥从商代到周代经历了从无到有再到无的过程。西周早期青铜器纹饰沿用兽面纹，兽角多为牛角，一些大型器采用高浮雕式，凸出器表。

西周中期，团龙纹、直棱纹、窃曲纹、波曲纹等出现，凤鸟纹较为普遍。西周晚期时，动物纹样变得更加图案化，但龙纹出现了更加具象的浮雕蟠龙纹。青铜器铭文内容较商代大大增加，字数一般都在数十字左右，也有长达数百字的长篇内容，多为记述与器主家族有关的史实。晚期铭文常记载联姻与征战内容，字体上趋于松散草率。礼乐制度的确立，使得鼎、簋组合相当普遍，但晚期逐渐被簠和盨所取代。

春秋时期，周王室的统治衰弱，诸侯国权力和实力不断增强。诸侯和卿大夫们都铸造了大量的代表他们地位的青铜器，而王公贵族制造的青铜器却很少见有出土，因而春秋时期青铜器的地域风格区别明显，个性加强。中原、山东、江淮地区各有特色，秦、楚地区青铜器在春秋中期后逐渐发展起来。“楚中氏”套耳铜盖鼎是一件具有鲜明楚地风格的铜鼎。此鼎连盖似卵形，子母口，附耳，深腹，蹄足，盖口沿外有一周凸楞，被学者称作“箍口鼎”。盖口缘有一对方环，与附耳相扣合。此鼎外形与淅川下寺 M8 出土的“楚叔之孙以邓”鼎颇为相似，但鼎盖更圆凸。楚王孙铜钟是春秋时期青铜甬钟，造型厚重，纹饰华美，是典型的楚式青铜钟。

战国时期，青铜器走向衰落，却出现了两种相反的趋势：一方面素面无纹饰，甚至制作粗糙的青铜器大量出现；另一方面，青铜冶铸工艺臻至成熟并有创新变化，如印模技术的成熟、嵌错和鎏金工艺的发展，以及器物造型上的奇思妙想，促使不少精美之作出现。本卷收录的两件战国铜鼎，纹饰仍较繁复，是楚系铜器的特色。而翼兽形铜盉则在外形和纹饰上都与甘肃泾川出土的战国中期翼兽形提梁盉高度相似。铜错金银镶松石带钩和铜鎏金云纹軎辖虽器形小巧，却纹饰精美，是战国金银错工艺的典型体现。人首柱形器是仅在岭南地区发现的神秘器物，其功用一直存在争议，莫衷一是。

青铜武器和工具是青铜器中最常见的器物。“国之大事，在祀与戎”，军队装备了精良的青铜兵器，可提高战斗力，通过征战杀伐护卫和扩张自己的领地，而领土扩张又为攫取优质铜矿资源提供了保障。商周时期，青铜进攻类兵器以矛、戈、剑、钺等最常见。这些兵器随着铸造技术的进步、对杀伤力需求的提高，以及由兵器向礼器转化的因素，其形制不断演变。图录中的商代铜矛是叶刃带系式，直角菱形的骹孔配合叶刃下端的系孔，可牢固地绑扎柲，确保作战中不会脱落。“王”字纹单钮铜矛和四棱刃铜矛在刃部做了不同处理，旨在增强杀伤力。这两件矛同样在骹下端饰有鼻钮，都是岭南地区矛普遍存在的装饰，“王”字纹矛在西江流域战国墓出土较多，在两湖、吴越地区也偶有发现。戈的形制变化复杂，形式多样。刃内铜戈援狭长略弧上扬，内长有刃，胡部有三刺，增加了杀伤力，是战国晚期器。

在我国岭南地区、越南骆越文化区域也有戈，但形制与中原有着明显区别。直内曲援铜戈常见于滇文化区和广西、越南的骆越文化区域。夹耳銎戈的圭形援较宽，三角形锋，长胡扁宽，外撇。援本部有夹耳，夹耳两端为弯卷的刺，无中原戈常见的侧阑。这些都是骆越地区青铜戈的鲜明特征。西南百濮及骆越文化地区的青铜剑也与中原铜剑存在着较大差别，一字格曲刃铜短剑在中国云贵、两广及越南都有发现。曲折雷纹空心圆茎铜短剑是典型的越南东山文化器物，而其镂空剑首又与我国山西、陕西、内蒙古等北方系青铜铃首剑有相似之处。这种联系为我们研究民族区域间文化传播与融合、变迁提供了物证。盾形纹铜短剑为中原地区所未见，是具有南方越族地区特色的兵器。其套装剑格证明扁茎剑并非真的“无格”，而是采用分铸合装的方式铸造。羽人船纹靴形铜钺等器物，外形较小巧，造型、纹饰独特，都是带有岭南、西南地区文化特色的器物。

汉代是一个强大的、疆域空前辽阔的大一统王朝，这一时期的青铜器虽已不复商周时期的辉煌，但更趋向生活化，更实用，青铜生活器具更加全面丰富，日用器的造型和装饰更加精美。汉代青铜器保留了少量先秦时期器类，如鼎、壶、甗、敦等，还发展或新增了很多实用器类，如铜镜、铜灯、熏炉、铺首、奁、钫、洗、鋬等。器体普遍较轻薄，造型也有新变化。譬如，鼎的扁球形腹部逐渐变深，立耳变为方形或环形的附耳，鼎足在西汉早期较粗短，中期后逐渐变长以适应其向炊器功能转变的趋势。汉代青铜器纹饰较简单，多素面，或饰以几道弦纹，一些小型日用器物造型精巧，纹饰较丰富，如铜灯、熏炉、带钩等，多采用鎏金和嵌错金银宝石技术。西汉中期至东汉早期，青铜器风格基本固定，多见鼎、壶、钫、尊、熨斗、带钩、铜镜等器类。东汉中晚期青铜器比以前轻薄，错金银技术几乎消失，而更多采用鎏金装饰。

汉代，西南和岭南地区也铸造了很多地域特色鲜明的青铜乐器。虎钮铜錞于是始于春秋时期，沿用至东汉的打击乐器，主要分布在长江流域及华南、西南地区。铜羊角钮钟是战国至西汉时期南方百越、百濮地区独特的礼乐器，也如编钟一样成组出现，且常与铜鼓伴出，地域特色明显。

唐代，虽然发达的铁器和日用陶瓷器取代了青铜器在人们生活中的地位，但青铜器的铸造和使用仍在延续。唐代青铜器在造型装饰和工艺方面仍有创新，新创出很多品种，如盏、盘、钵、勺、杯、瓶、粉盒等，铜镜铸造工艺方面显示出极大成就。

宋代以降，各代仍有自成特色的各式铜器。宋代考古金石学兴起，盛行铸造仿古铜器，宫廷依据内府收藏的商周彝器大规模仿制，宋徽宗更是在政和年间开设礼器局生产仿古器物。南宋不仅朝廷依照固定样式制造仿古器，还多次制定和颁布礼书以指导州县的祭祀器具铸造。宋代仿古器虽以商周礼器为仿制对象，但形制多变异，纹饰和文字也有差别，出现一定的创新，体现出时代风格。宋明清三代均铸造了大量的仿古器。宫廷铸造的器物讲求技术、工艺精湛，民间铸造的则淳朴自然。除仿古器外，宋代也铸造了具有本朝特色的各式铜器，如瓶、炉、壶，以及胆式瓶和文玩品等极具本朝审美情趣的器物。元代也铸造了大量仿古器，但工艺上逊色于宋朝，器形上做了一些更改，做工较粗糙，形体笨拙，纹饰草率，常铸本朝年款。

明代，国家实现了较长时间的稳定发展。文人的生活多姿多彩，焚香鼓琴，写诗作画，各式文房用品和文化生活用品不断出现。古琴虽大多木质，但“卢惟良制”款描金银多宝纹铜琴独出心裁，用铜铸造，上有“卍”字纹、灵芝纹夹太极图及描金磬、笛、箫、金刚铃、笙等多种纹样，采用嵌玉、描金、错银等各式装饰手法，使得铜琴熠熠生辉，其音质应与木琴大为不同。

祭奠至圣先师孔子的礼仪在唐代已基本确立，历经数百年而香火不息。广东祭孔习俗亦未因地处岭南而简化或省略，各府县文庙礼制完备，器具齐全。我馆收藏较多明清文庙祭器，本图录收录了明、清两代广州府的爵、簠、瓃等文庙祭器，以展示其延续不断的礼制风俗和器物形态。

焚香习俗和铜炉的使用在我国历史悠久，汉代博山炉为人们所熟知。铜炉在宋代大量流行，直至明清，广泛为文人陈设和香熏所使用。宋代创出了仿生动物形熏炉、鼎式炉、鬲式炉、簋式炉，这些造型样式延续到了明清时期。闻名天下的宣德炉就是以鼎式炉、鬲式炉、簋式炉为基本形制，又创造了新的款式和工艺。宣德款铜香炉、各式熏炉是我馆铜器收藏的一大类，收藏量较大，器物类型多样，品相上乘。

千载铜镜

铜镜是古人用来照容、梳妆的重要生活用器，早期铜镜更可能是宗教仪式用具。铜镜的铸造和使用跨越两千余年，从先秦时期延续至清代。迄今发现我国最早的铜镜，来自公元前 2000 年左右的齐家文化遗存。安阳殷墟商代墓葬中出土了六面铜镜，是黄河中下游地区迄今发现最早的铜镜。在陕西、甘肃、北京、河南等地的西周墓葬和遗址中发现了十余面铜镜。商周时期，中原以外地区，包括西北地区的黄河上游、北方地区的长城沿线和新疆东部一带发现了不少青铜镜。可见，直至西周时期中原地区铜镜并不十分流行，铜镜铸造工艺也落后于当时的青铜器铸造水平。直到战国时期，铜镜才发展成熟起来。

战国时期，铜镜普遍较轻薄，直径大多偏小，偶有 20 厘米以上的大镜。镜钮多为桥钮或兽钮，镜背纹饰有菱形几何纹、蟠螭纹、“山”字纹、狩猎纹、连弧纹等。工艺上出现了透雕、错金银、嵌绿松石等特种工艺镜。铜镜在汉代发展到了一个高峰。在西汉初期沿袭了战国铜镜的特点后，经过多年积累和技术发展，镜体变得厚重，圆形镜钮高挺，直径普遍较大。纹饰丰富，主纹饰有草叶纹、龙虎纹、禽鸟纹、四神纹、博局纹、星云纹、神人神兽纹等。汉代铜镜开始出现铭文，如“见日之光”“天下大明”“大乐富贵”“尚方作镜”……这些铭文有的仅有四字，在铜镜的四个方向以轴对称方式分布，有的以四言、七言诗的形式形成一周铭文带，其内容多有吉祥寓意，显示了汉代人们对美好生活的向往，也体现了汉代铜镜世俗化、生活化的特点。

唐代，铜镜发展到了它的第二个高峰。镜式、纹饰都有新的创造和突破。在圆形镜外，创造出了菱花形镜、葵花形镜。纹饰更丰富，如海兽葡萄纹、鸾鸟纹、神兽纹、真子飞霜、宝相花纹、打马球纹、八卦纹等，大多为首创。纹饰多浮雕形式，细微之处交代清晰。唐镜大多镜体较厚重，特别是海兽葡萄纹镜，厚度将近 1 厘米。

宋代，铜镜制造工艺开始衰退，制作较前代粗糙，镜体轻薄，但依然有新的发展。“亚”字形镜、具柄镜、钟形镜等新镜式出现。纹饰以团花、双鱼等图案居多，南宋时更多素面镜，且多有铸镜者的戳印，成为类似商标一样的印记，显示出这一时期商业化的兴盛。辽代铜镜多仿前代镜，特别是唐镜。金代因战争频繁，铜矿紧缺，对铜的管制特别严格，铸镜量少且多有官方押记。元代虽时间短暂，但铜镜制造也有一定特色，人物故事镜、准提咒语镜较多。明代仿古镜、龙纹镜、婴戏纹镜较多见。清代制镜进一步衰退，直至退出人们的视野。

铜镜是我馆铜器藏品的一个大类，收藏自战国至清朝历代铜镜 500 余面。其中汉镜、唐镜在数量和质量上均属上乘。

法相庄严

我馆铜造像主要是明清时期佛教、道教造像，尤以明清时期金铜佛像居多。馆藏藏传佛教造像数量丰富，释迦牟尼佛、各类菩萨、金刚、佛母等种类繁多，形象各异，面目上或静寂，或忿怒，造型上或妖娆，或沉稳，工艺上或鎏金，或嵌错，尽显奢华和佛教弟子的虔敬。明代永宣时期和清代康乾时期都是官方铸造藏传佛教造像的最盛时期，刻有“大明永乐年施”的金铜佛像是明代这类造像的杰出代表，铸造工艺精湛，纹饰精细，纪年明确。清代统治者信奉藏传佛教，康乾时期注重佛像的铸造和供奉，而这两位皇帝主政时佛教造像特点也有不同。相比乾隆时期，康熙时期的造像更加注重细节，纹饰繁复精美，气度宏大。本卷收录了多尊明清金铜佛像、法器，尽量多侧面地展示藏传佛教艺术的独特魅力。

本卷收录了汉地佛像精美之作——“金玉堂石叟”款铜错银云纹观音立像。石叟是明末汉地佛像铸造名家，常在佛像身上用错银的形式留有名款。其铸造的佛像、观音像经氧化后均呈棕褐色，造像面目慈祥，身体线条柔顺飘逸，多有错银纹饰，特点突出。明清之际和后世的仿铸之作也很多。

道教也是民间信奉的主要宗教之一，此次收录了广东民间尊奉的重要道教神真武大帝的造像。其双腿下垂坐于榻上，面貌安详，既有神像的端庄威严，也在形象上更世俗化。周公和桃花女是真武大帝的随从，馆藏周公和桃花女造像来自广州永泰禅寺，该寺已不复存在，他们和真武大帝虽属道教人物，却曾供奉陈列于佛教寺庙中，说明了民间对佛教、道教的信奉并非对立，而是相互融合和容纳的。

铜鼓铿铿

迄今所见中国最早的铜鼓出现于商代，是一面可双面击打，置于鼓架之上的铜鼓。其后，中原地区基本使用皮面木鼓，而位于中国南方地区的少数民族流行使用一种单面铜鼓。铜鼓用于祭祀、礼仪、战争等场合，其材质不同于中原木质皮鼓，全为铜铸。鼓身的造型特点是：呈圆墩形，鼓面朝上，内部中空，鼓胸外凸，束腰侈足，周身布饰，无底，胸腰际附两对鼓耳。铜鼓在我国和东南亚很多国家均有分布，在我国主要分布于西南和岭南地区，包括云南、贵州、四川、重庆、广西、广东、海南、湖南等省。铜鼓类型的划分方式有多种，目前学界广泛认同的是八种类型：万家坝型、石寨山型、冷水冲型、遵义型、麻江型、北流型、灵山型和西盟型。这八种类型是以这些地区出土铜鼓作为标准器，对铜鼓进行大的分类，每种类型下又有若干分式。

广东省博物馆现藏有冷水冲型、北流型、灵山型、遵义型及麻江型五个类型的铜鼓，及一些异形铜鼓，共 120 余面。本卷收录各式铜鼓共 10 面。

冷水冲型以广西藤县冷水冲出土的铜鼓为代表，又被分为红河式、邕江式、浔江式，或称亚型，铸行年代自东汉晚期至南朝时期。冷水冲型铜鼓体型较大，鼓面略伸出鼓颈，直径小于或等于鼓胸，鼓胸圆凸，鼓腰呈反弧形收束，鼓足部分外侈。冷水冲型铜鼓纹饰丰富，主纹饰多为翔鹭纹、变形羽人纹，其他纹饰有水波纹、栉纹、同心圆纹、复线交叉纹、羽纹、变形船纹等。鼓面立体圆雕塑像较丰富，有蛙、鱼、乘骑像、牛撬等。鼓耳为两对扁耳，常有铜鼓还在鼓的外胸腰际和鼓内侧装饰圆茎环耳。

北流型铜鼓流行于西汉至唐代，以广西北流市出土的铜鼓为代表。鼓面大于鼓身，有些边缘向下折，形成“垂檐”。鼓胸斜直外凸，向内收腰，弧度平缓。此型鼓面一般铸四蛙或六蛙，体形小，四足，大多无纹饰，较稚拙。纹饰上多饰以各式各样的雷纹、云纹。鼓身两侧的耳大多为饰有缠丝纹的圆茎环耳，少数为扁耳。

灵山型铜鼓行用于东汉或稍早时间直至唐代，以出土自广西灵山县的铜鼓为代表。这类铜鼓造型端庄，鼓面宽阔，稍大于鼓身，鼓胸微凸，内收成腰。灵山型铜鼓纹饰丰富，主体纹饰多为骑士纹、变形羽人纹、鸟形纹。鼓面有青蛙塑像装饰，灵山型铜鼓的蛙均为三足，后两足合并成一足。有的蛙为累蹲蛙，即蛙背上面驮着一只小蛙。

遵义型铜鼓是冷水冲型铜鼓向麻江型铜鼓过渡阶段的铜鼓类型，流行时间大致由唐代到宋代。遵义型铜鼓有两种造型，一种是以贵州遵义杨粲夫妇墓出土的铜鼓为代表，鼓胸、腰、足三部分高度接近；另一种与冷水冲型铜鼓造型相近。

贵州麻江县古峒火车站一座古墓出土的铜鼓是麻江型铜鼓的代表。这类铜鼓鼓胸、腰、足部曲线平缓，无明显分界。鼓腰部有一道凸棱。鼓面大多无蛙。麻江型铜鼓最早应始于南宋，铸造使用直至清代晚期。本图录收录的一面麻江型铜鼓，铭文有“嘉庆三年”字样，可作为判定晚期麻江型铜鼓年代的参照标准。

馆藏钱币

中国古代货币源远流长，种类繁多。商周时期，人们用海贝作为交换物，被普遍认为是最早的货币形式。春秋战国时期，各诸侯国铸造各种青铜铸币，以满足经济发展的需要。秦统一后，废除了六国货币，推行半两方孔圆钱。这是中国货币史上第一次将货币种类、形制和单位统一。汉武帝铸五铢钱，大小适中，使用便捷，时铸时停，直至唐初仍沿用。唐武德四年（621 年）进行币制改革，实行以通宝配年号的制度，铸开元通宝铜钱，开启了“宝文钱”的时代。这种制度直至清末被机制铜元取代。

我国货币史上，青铜铸币虽为主要流通货币，但其他材质的货币一直存在，呈现出多元化的景象。南朝梁以中央政府名义大规模铸造铁钱，十国时期南汉、楚、后蜀等国都铸造和使用了铅钱。金、银作为贵重金属，因其量小值大、质量经久不变等特性在中国货币史上一直居于较高地位。金版是春秋战国时期楚国铸行的黄金货币，呈不规则曲版状或圆饼状，上面多钤有“郢爰”“陈爰”（爰或释为爯）等印记，出土量较大。汉代铸行金饼、马蹄金、麟趾金，既用于帝王赏赐，也用于对外贸易。唐代以降，各代均铸有不同形式的金银货币，如饼状、铤状、锭状等。各朝代对金银货币的使用规范也不同。

我国纸币的发行和使用大大领先于世界。北宋的“交子”“钱引”和南宋的“关子”“淮引”是正式发行的纸币。元代，纸币成为主要流通的法定货币，其发行和管理制度得到进一步完善和统一。明代将“大明通行宝钞”定为唯一纸币。清代咸丰三年（1853 年）发行了户部官票和大清宝钞两种不兑现纸币。清末政府和各地银行钱局、民间钱庄发行了多种官私银钱行号钞票。民国时期，央行和商业银行以及解放区、根据地均发行了版别繁多的钞票。纸币逐渐替代金属货币成为流通领域的主要币种。

广东省博物馆收藏历代货币 7 万余件 / 套，涵盖中国各主要历史阶段货币，其中宋代、明代、清代和民国时期货币占比较大。铜质货币和银质货币藏量占据了总藏量的绝大部分。除历代中国货币外，我馆也收藏有一定量的各类外国货币，多为 16 世纪后亚洲及欧美国家货币。我国货币品种繁多，版别复杂，馆藏货币中有一定数量的珍稀品，主要是机制铜元和银币，这两者大多来自李伟先先生的无私捐赠。

因篇幅所限，本卷从众多钱币藏品中遴选珍稀品和具有时代代表性的藏品 39 件作为代表，并尽量选取机制铜元和银币，以突出强项。

先秦时期货币中，我们收录了七件，有空首布、平首布、刀币、圜钱、郢爰、两甾钱。空首布在春秋时期行用于周、晋、卫等地，它的外形与铲较接近，保留了容纳柄的銎，有平肩、耸肩、斜肩三种类型，平肩空首布铸行于周王畿地区。平首布诞生于战国初期的三晋地区，又分弧裆方足、异形、尖足、圆足、三孔布和平裆方足六种类型。圜钱外形与纺轮接近，最早产生于魏国，因携带方便，很快在其他各国流行。我馆收藏的郢爰小金版应是从大金版切割下来用于小额支付的。先秦货币主要在诸侯国内部铸行使用，也有少部分因战争、兼并等原因流入其他诸侯国区域。它们的面文有的记载重量，如釿、爰、两、朱等；有的记载地名，如安邑、邯郸、离石、节墨等。币文有繁有简，结构舒朗，疏密得当，美观大方。

本卷收录了一枚新莽时期铸币。王莽自居摄二年至地皇四年（公元 7—23 年），改变汉代币制，仿照周代子母相权之法，实行了四次币制改革，铸行了错刀、契刀、大泉、货布、货泉等品种繁多的青铜铸币。在第三次币制改革时更是划分了五物、六名、二十八品等繁杂名目。虽然王莽的币制改革失败，但其对钱币尺寸和重量制定标准，采取规范化管理，于中国历史上实属首次，在我国货币史中具有特殊意义。其间铸行的货币，样式新颖，文字古雅，制作精美，且因历史原因，大多行用时间短，珍稀品种多。

青铜铸币也是中国青铜器中重要的一类，经历了块范式浇铸、叠铸和翻砂铸造三个阶段。古代铸钱最早使用石范、陶范，春秋战国时期开始用铜范铸钱，汉代铜范铸造兴盛。此卷收录了一件五铢钱范，为阴文子范，采用直流分铸法浇铸，钱模排列均匀，刻制规整，钱文清晰。

唐代，开元通宝铜钱的铸行结束了五铢钱制，标志着通宝钱制的开始，也启动了我国以十进位的一两十钱制。终唐一代，除开元通宝外，还铸行了其他几种钱，即乾封泉宝、大历元宝和建中通宝。建中和大历钱在新疆库车地区铸行，是地方钱币，虽铸工不精，但存世稀少。

宋代虽与辽、西夏、金、元等北方少数民族政权常有交战，且在与辽、金停战议和后需支付大量的岁贡，但在和平时期采取鼓励生产、促进经济的政策，经济仍蓬勃发展，铸币业也十分发达。两宋时期钱币品类繁多，铸钱数量惊人，居列朝之首。宋代钱文书体美观，有篆书、隶书、行书、草书、楷书，楷书中又有瘦金体，篆书中又有九叠文篆，版别复杂，大小轻重不一。北宋英宗朝之前几乎均为小平钱，神宗始行用折二，徽宗推出了折三、折五、当十等大钱。大观通宝便是一例，钱文为瘦金体，铸造精致，直径 4 厘米，应为当十大钱。宋代盛行年号钱，几乎每换一个年号，就铸新钱一种。两宋时期共改 57 次年号，铸行了年号钱 48 种之多。铜钱与铁钱并行，还形成了铜钱与铁钱的割据区域。纵观两宋钱币，蔚为大观。

辽、金、西夏等北方少数民族政权与宋对峙期间，既有交战，又有经济、文化往来，既自铸钱币，具有各自的货币体系，也与宋钱流通。金代铸钱量少于辽代，正隆、大定、泰和及阜昌钱存世不多，都见诸《金史》记载，而崇庆、至宁、贞祐等均是极罕见的币种。

元代施行以纸币为本位的货币政策，但也有少量铜钱和白银铸币。元初曾铸有少量铜铸币，但在中统元年（1260 年）实施纸币制度后不久，便被禁用。至大三年（1310 年）和至正十年（1350 年）曾恢复准许铜钱铸行，以稳定纸币的币值。元代除幼主、明宗和宁宗外，其余各帝均铸有年号钱，但其中相当部分属于供养钱，而非正式通货。元代推行钞法，纸币成为法定流通货币，无论政府开支、税收、民间贸易、借贷等都用纸币。将现银集中于国库，规定以银为本，纸币无限法偿，备有充足的发行准备金。《至元宝钞通行条例》成为世界上最早、最完备的币制条例。元代纸钞名目繁多，共发行了中统元宝交钞、至元通行宝钞、至大银钞、至正交钞四种纸币，每种又以贯、文为单位。纵观元代纸币，发行量大，流通范围广，币制条例完备，影响深远，是我国货币史上一个重要的里程碑。

明代在相当长的一段时间内实行纸币流通制度，限制铜钱流通，在明中期，纸币体制崩溃瓦解后又恢复铜钱的铸行。明代纸币只有一种，即大明通行宝钞，且为非兑现纸币，由于发行过多，造成不断贬值，虽采取各种政策，最终无法挽回，于嘉靖四十五年（1566 年）停用。

清代前期，货币制度与明朝相类，以银为本，白银一两合铜钱一千文。政府财政收支和商业贸易大宗支付用银，小额用钱。清中期后，白银已成为主要通货。乾隆五十七年（1792 年），清政府在西藏拉萨设立宝藏局，先后于乾隆五十八年、五十九年和六十年铸造有汉藏文对应的宝藏银币三种。其后，嘉庆和道光朝都铸过此类银币。这种银币并非机制银币，而是打造而成，但也是中国境内铸造过的最早银币。清中期后，逐渐开放海禁，对外贸易日趋繁荣，流入中国市场的外国银元与日俱增，多达几十种，并且深入内地。随着鸦片贸易的猖獗、不法商人的套购，中国白银的外流越来越严重。为了抵制外国银元大量流入和防止我国白银大量外流，清政府决定自铸银元以应对。光绪十年（1884 年），吉林省机器官局铸造了我国第一套机制银币——厂平壹两，但此套银币仅流通于吉林地区，铸量极少。光绪十五年（1889 年），广东钱局成立，试铸库平七钱三分银元一套五种，开启了我国大规模机制银币的纪元。广东龙洋因成色好，币值固定，使用方便，受到商民的喜爱。此后，各省纷纷设局铸造银元。

清末银元的铸行是我国货币体制的进步，对抵制外国银元和经济发展都起到了积极作用。

我国机制铜币始于 19 世纪末，是中国近代货币体系的重要组成部分。光绪十五年（1889 年）广东钱局建成后即鼓炉铸钱，制造了机制方孔钱“光绪通宝”，币值库平一钱。此后，广东、江南、安徽和奉天分别制造了当十、十文方孔铜币，这些都是制钱到机制铜元的过渡产品。光绪二十六年（1900 年），广东开铸“光绪元宝”铜仙，每枚重二钱，当制钱十文，标志着我国机制铜元时代的开启。至宣统三年（1911 年），中央政府和地方造币厂制造了“光绪元宝”和“大清铜币”两种机制铜元，数量庞大，版别繁复。随着清王朝的覆灭，清政府机制铜元停止发行。机制铜元成本低廉，铸造精美，易于生产，取代了传统制钱，有利于促进商业贸易，方便百姓生活，又能对地方财政亏空进行补救，对中国近代经济和金融变革起到了积极作用。

辛亥革命的爆发，推翻了封建王朝，建立了中华民国。民国时期，国民政府和地方政府铸造了大量的、品种繁多的银元和铜元，直至民国二十四年（1935 年），新的法币政策推行，禁止使用银元，终结了我国以银元为本位的币制。中华民国成立至 1935 年，各地方政府制造了各类铜币，且常与清代铜币混用，市面呈现混乱状态。1936 年，国民政府统一币制，发行纸币，铜质辅币渐为镍币替代。第二次国内革命战争时期，为了加强革命根据地的经济发展，保护金融稳定，中央苏区和各地苏维埃政权也铸造发行了各式银币、铜币，印制了纸币、布币，为促进苏区建设、进行武装革命起到了不可磨灭的重要作用。

广东省博物馆收藏的铜器和钱币品类多样，特点突出。铜器中既有代表着权力和等级的商周礼器，也有反映世俗审美的日用器；既有中原风格的各类器物，也收藏了大量具有百越、百濮文化特色的遗存；还有较多佛教造像。广东省博物馆钱币收藏可谓古今中外，样式繁多。国内钱币基本覆盖从商代至现代各个历史时期，国外货币既有亚洲，特别是日本、朝鲜、越南等周边国家不同历史时期的货币，也有欧洲、美洲国家货币。在未来发展中，广东省博物馆还将继续充实各类铜器和钱币藏品，补短板，扩优势，增亮点，为弘扬中华优秀传统文化夯实基础。

图版

铜器

广东省博物馆藏品大系

容器

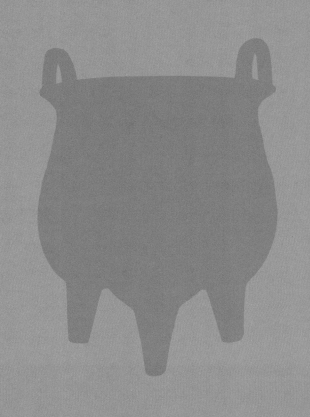

目云纹铜爵

商（公元前1600—前1046年）
通高13.5、通长13.2厘米

狭流略上扬，流口之间有两小立柱，尖尾，直腰，片状鋬，腹外扩，平底，三条棱形尖足。腰饰单线目云纹。

爵是目前所知中国最早的青铜礼器，常与觚、斝等形成礼器组合，盛行于夏商，西周中期后随着酒器的迅速衰落而淡出。爵一般由口沿、杯及足组成。口沿前端有用于倾酒的流，尾部成锐角状，流与杯口交界处有柱。中段腹部为杯，一侧有鋬。杯下有三足。迄今发现最早的青铜爵出现于二里头文化。在发展过程中，青铜爵外形不断变化，由早期的束腰平底逐渐演化为圆腹圜底，杯口的柱从无到有，从前端向后移，流则由狭长向宽短演变。此件铜爵有分段式造型、平底、单线纹饰、器壁单薄等特点，是典型的商代早期铜爵。

大父己铜爵

商（公元前1600—前1046年）
通高19、通长16厘米

流部较狭，“U”形流口，流末端有两只菌状长柱，尖尾，圆腹，腹侧有兽鋬，杯体较深，圜底，三棱锥形足。口沿下方饰三角雷纹，流及尾下方饰蕉叶纹，腹部饰云雷纹为地纹的兽面纹。鋬与腹间有铭文“大父己”三字。

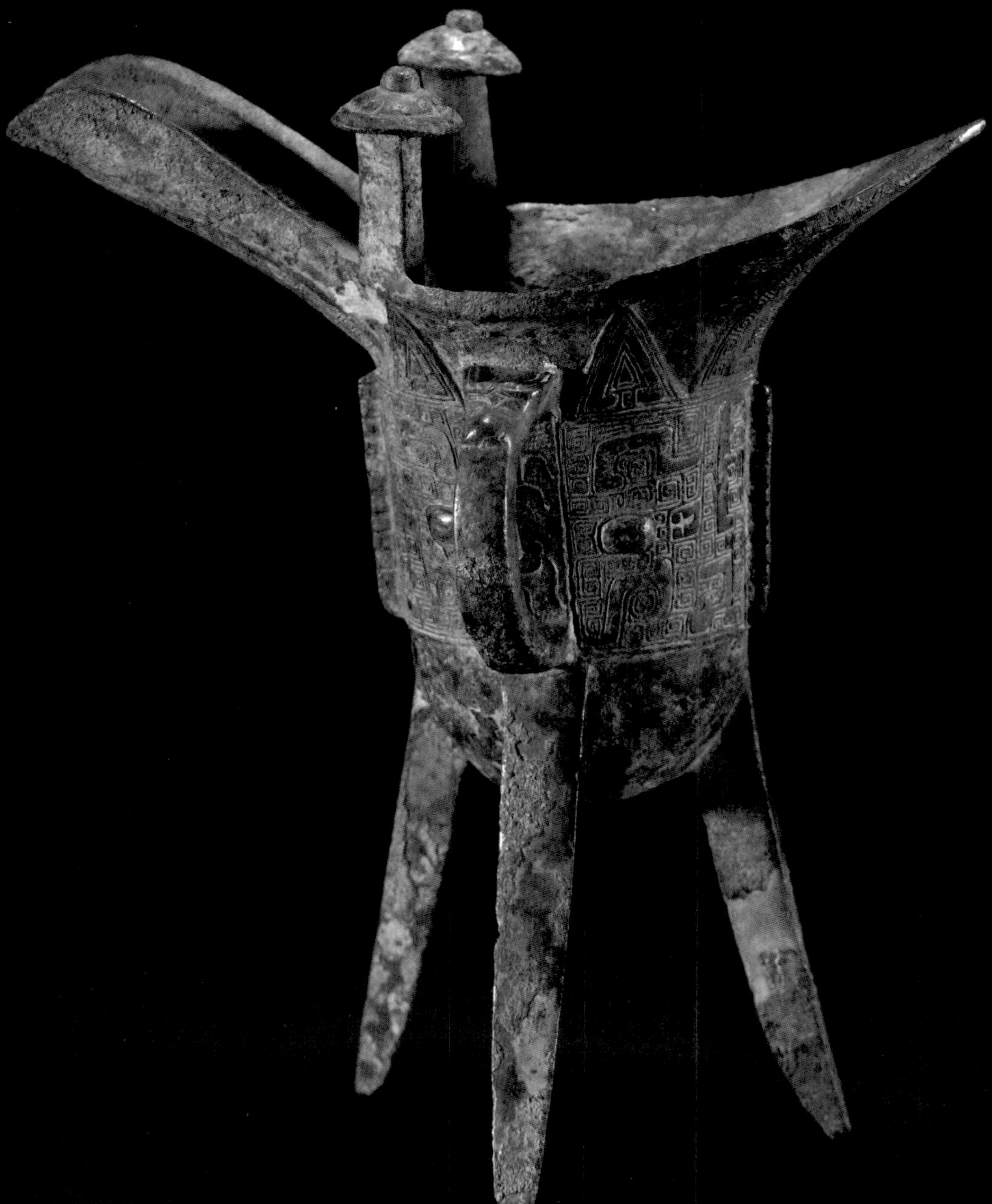

大父己铜爵局部

兽面纹铜爵

商（公元前1600—前1046年）
通高16.7、通长15厘米

长流，尖尾，深腹，有鋬，圜底，三锥形足。口沿上有双立柱，菌形柱头，上饰火纹。腹部饰由雷纹组成的兽面纹。

天顺五年仰高祠铜爵

明（1368—1644 年）
通高 21、通长 18.4 厘米

元宝形口，口沿中部置两螺头短柱。短流，流口为“U”形。圆腹，腹侧置兽头鋬。圜底，三棱足中部内收，下端外撇。腹部饰雷纹地凤鸟纹，尾下有铭文“天顺五年造 仰高祠”。

仰高祠位于广州府学内东侧偏南，为明天顺三年（1459年）巡抚叶盛合并了旧的十贤堂、八贤堂、廉吏祠所建，取高山仰止之意，祭祀先贤。

爵在明清文庙祭祀孔子的活动中成为主要的祭器品类。其形制不断变化，原来的流渐渐缩短、变宽，尾部也逐渐由尖尾变成弧形，二者夹角渐趋平缓。清代时，爵的口沿几近平面。

嘉靖十九年广州府铜爵

明（1368—1644 年）
通高 20.3、通长 16.4 厘米

元宝形口，口沿中部置两菌状短柱。短流，圆腹，腹侧置兽头鋬。圜底，三棱锥形足竖直，下端外撇。腹部饰雷纹地凤鸟纹，尾下铭文“嘉靖庚子陆月，广州府同知程铎，通判黄钟美、周璞，推官吴荣锡同造，训导徐纶管造”。

蕉叶纹铜觚

商（公元前1600—前1046年）
高30.4、口径15、底径7.4厘米

喇叭形侈口，中段收缩，腹壁竖直，圈足外侈，底部为台阶状直壁。口沿下饰以雷纹为地的蕉叶纹，腰上部饰以雷纹为地的蛇纹，足上部与腹部连接处有两周凸弦纹，腰下部与足上部均饰以云雷纹为地的兽面纹与四条扉棱。

觚为饮酒器。《说文·角部》写道："觚，乡饮酒之爵也。"商代具有"重酒"的社会风尚，铜觚与铜爵的组合是商代常见的礼器组合。伴随着西周酒文化的衰落，觚至西周中期后逐渐消失。此觚造型轻巧，高体细腰，口沿外翻，纹饰精美，应为商代晚期器。

云雷纹铜觚

商（公元前 1600—前 1046 年）
高 26.5、口径 15.5、底径 9 厘米

喇叭形侈口，束腰，腹部略鼓，高圈足外撇。腹部、足部饰云雷纹组成的兽面纹，两组兽面纹之间有“十”字镂孔。

夔凤蕉叶纹铜觯

商（公元前1600—前1046年）
高16.5、口径8、底径5.5厘米

喇叭形侈口，束颈长腰，垂腹较深，截面呈圆形，高圈足下端外撇。口沿下方饰四蕉叶纹，下接相间的双夔双凤纹。

觯是流行于商代中期至西周早期的饮酒器。《仪礼》《庄子》《说文解字》等典籍中记载了觯，但未明确指出它的形制如何。今所言觯，来自宋人《博古图录》，对其形制特征有具体描述。其横截面多为扁圆形和圆形，也有部分为椭方形。

云雷纹铜鬲

商（公元前 1600—前 1046 年）
通高 18.5、口径 13.5 厘米

圆形侈口，口对置立耳，颈微束，深腹分裆，三锥状中空足。颈部饰云雷纹，上下界以联珠纹，腹部饰“人”字纹。两耳与三足并不对称分布，为四点配置式，即一耳在两足间的空当，另一耳与第三足相对应，具有商代早、中期的特征。

鬲是古代用来炊煮食物的器具，流行于整个商周时期。

兽面纹铜簋

西周（公元前 1046—前 771 年）
高 14.5、口径 20、底径 15.2 厘米

侈口，鼓腹，兽首形双耳低于唇口，下有长方珥，圈足较高，下端外撇并加高，平底。腹上部饰雷纹地兽面纹，兽面纹中间又有圆雕小兽面。圈足亦饰雷纹地兽面纹。

簋是盛放黍、稷、稻、粱的器具。青铜簋是商周时期最重要的礼器之一，尤其在西周时期，在祭祀、宴飨时偶数的列簋与奇数的列鼎配合使用，严格体现了周代的尊卑秩序。据记载，天子用九鼎八簋，诸侯用七鼎六簋，大夫五鼎四簋，士三鼎二簋。铜簋有圈足、方座、三足与四足等多种。

兽面纹铜簋

西周（公元前1046—前771年）
高11.5、口径16.9、底径13.3厘米

口微侈，折沿，圆腹，腹部附两只对称的龙形耳，下有长方形珥，圈足较高。腹上部饰以云雷纹为地的夔纹，夔纹中心饰浮雕小兽面。腹下部饰以云雷纹为地的兽面纹，圈足饰以云雷纹为地的夔纹，腹部兽面纹中心与足部夔纹中心有扉棱。耳部饰云纹。

“楚中氏”套耳铜盖鼎

春秋（公元前770—前476年）
通高24.5、鼎口径17.8、盖口径20厘米

子母口。盖隆起，顶部置一圈形捉手，边缘延伸一对方环，可与附耳相套。鼎敛口，口下对置附耳，深腹，腹下部与正面一足之间置一圆形耳钮，圜底，三蹄足。盖饰蟠虺纹，腹部饰蟠虺纹和垂鳞纹。内壁铭文“楚中氏”。

青铜鼎源自新石器时代的陶鼎，是祭祀时盛放肉类的器皿。它象征着社会等级和权力，是商周时期最重要的礼器。鼎大体分为三足圆鼎和四足方鼎，又可分为有盖和无盖两种。形制相同、成组的鼎称为列鼎。周代鼎制以升鼎为中心，升鼎（也称正鼎、牢鼎）盛放祭肉，配以盛放佐料的羞鼎（又称陪鼎）和煮牲肉的镬鼎。

“楚中氏”套耳铜盖鼎及局部

蟠螭纹铜盖鼎

战国（公元前 475—前 221 年）
通高 23.5、口径 21.5 厘米

子母口。盖微隆，中心置一钮衔环，外围饰以三伏兽。鼎直口，附耳外撇，圆腹，圜底，蹄足。盖饰蟠螭纹、交龙纹、雷纹及两周绳纹。腹部饰两周蟠螭纹带，间饰一周凸弦纹。足根部饰浮雕兽面纹。底部有环形铸痕和烟炱痕。

蟠螭纹铜盖鼎

战国（公元前 475—前 221 年）
通高 19、口径 17 厘米

呈扁圆形，子母口。盖为圜顶，顶上有三牲钮。鼎敛口，口下对置附耳，鼓腹，圜底，蹄足。盖、耳及腹部均饰蟠螭纹带，足跟部饰兽面纹，盖顶正中纹饰漫漶不清。

铜盖鼎

汉（公元前206—220年）
通高17、口径13.5厘米

呈扁圆形，子母口。盖为圜顶，顶上有三只钩状钮。鼎敛口，浅腹，腹上部置一对附耳，腹中部饰一周凸棱。圜底，下有三蹄足。

青铜鼎是商周时期最重要的礼器，也是青铜器中行用时间最长的。汉代虽已不遵从前代礼制，但鼎作为礼器仍旧行用。此鼎是战国中期至汉代最流行的一种样式。

绳纹铜豆

战国（公元前 475—前 221 年）
通高 18.9、口径 16.3、底径 10.2 厘米

子母口。盖圆隆，顶部置一圆形捉手。豆直口，浅腹，腹上部两侧附环形耳，短柄，圈足。捉手、盖、腹部各饰一周绳纹带。

豆是盛放腌菜、肉酱的器皿，出现在商代晚期，盛行于春秋战国时期。

翼兽形铜盉

战国（公元前475—前221年）
通高27、口径10厘米

盖隆起，盖面饰一周交龙纹，盖钮与提梁以三环链连接。提梁形为长体四足兽，首尾似虎，身有细鳞。流为兽首，有鸟喙，可向上掀起。鋬为鸟尾，饰云纹。盉为圆体，腹两侧分饰羽翼兽纹，兽蛇形身，翼有长羽。圜底，四蹄为足。

商周礼器中自名为“盉”的器物多见于西周中期和晚期，但先秦典籍中未见此器名。自名为“盉”的器物大多为鼓腹，一侧有斜向上的流，另一侧有鋬，三足或四足，有盖且多有链与鋬相连。盉的功能一直争议较多。有观点认为是酒器，用于调酒；也有认为盉与匜用途相同，互相替代，属于水器。此器与甘肃泾川出土的战国中期翼兽形提梁盉高度相似。

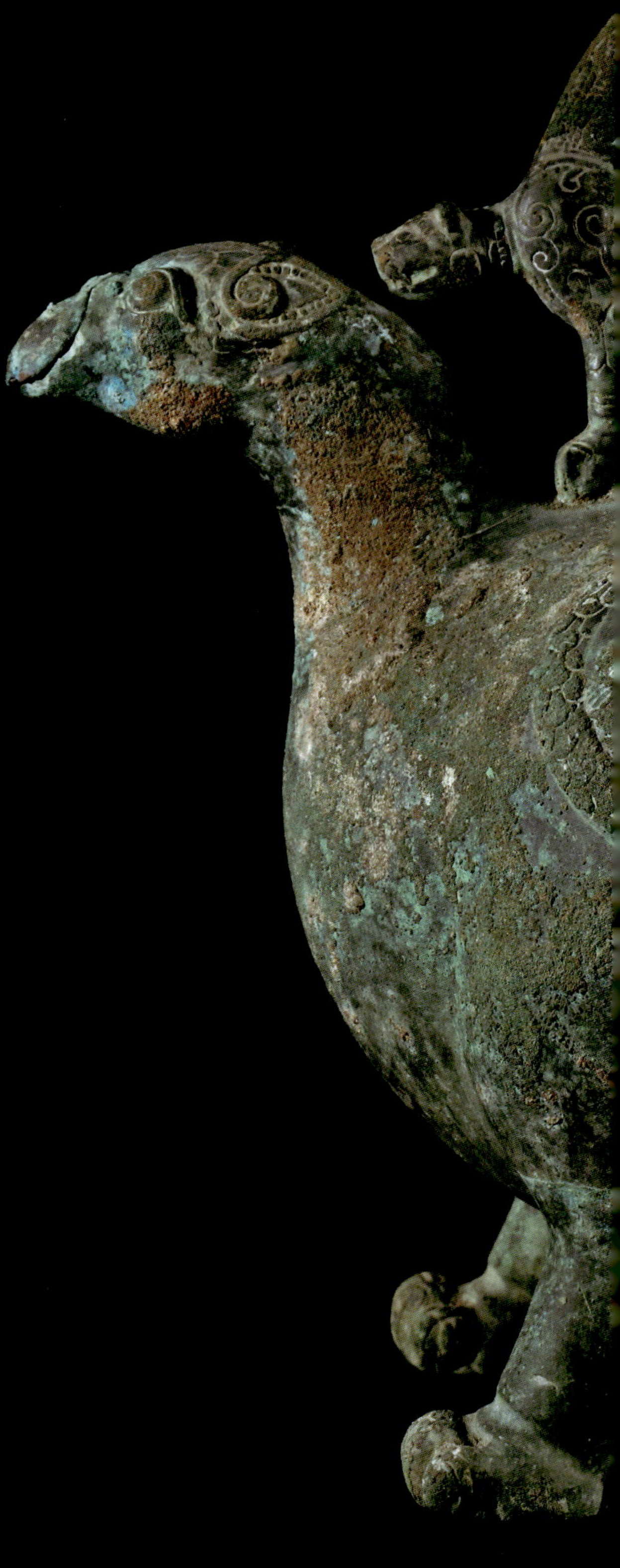

翼兽形铜盉局部

铭文铜釜

汉（公元前206—220年）
高14.4、口径11、腹径25.4厘米

圆形口，直领，肩对置一对铺首耳，扁圆形鼓腹，腹部中间置一周凸沿，平底，小圈足。口沿下饰一周弦纹带，上阴刻十六字铭文“乎都主家铜钟容五升重六斤二两第十”。

釜是与甑配套使用的炊煮器，口沿部的直领便于与甑的圈足紧密结合，使得腹内蒸汽不易流失。腹中部的凸沿，应用于放置在灶或釜架之上。

铜鍪

汉（公元前 206—220 年）
高 15.5、口径 11.9、腹径 17.7 厘米

侈口，束颈，鼓腹，圜底。肩部饰一周弦纹，对置双环耳，一耳大一耳小，大耳饰绳纹。

鍪，是与釜相似的炊煮器。其口小，腹部、底部与釜无大区别，但肩部多有环形耳。据现有考古资料可知，铜鍪起源于巴蜀地区，秦灭巴蜀之后，铜鍪被吸收并成为秦文化的有机组成部分，向各地扩散。汉代仍沿用。

三足提梁铜鐎尊

汉（公元前 206—220 年）
高 14.5（不含提梁）、口径 8、腹径 15.5 厘米

圆口，颈渐扩，鼓腹，圜底，三蹄足，肩置提梁，提梁两端为环状。盖缺失。

鐎尊为温酒器，瑞典哥特堡博物馆藏有一件同形制器，器铭“王长子鐎尊容十升重十斤”。又有观点认为此种为盛酒器，称为“鈚镂”。

双鱼铜洗

汉（公元前206—220年）
高7、口径33、底径18厘米

宽口沿外敞，浅直腹，平底。内底饰阳线双鱼纹，鱼鳞清晰。

此类水器亦称“铜”或“盆”，战国晚期已出现，汉代各地均有流行。西汉开始盛行在洗内底装饰双鱼纹，应有长寿吉祥的寓意，后世的瓷器工艺也常仿照汉代双鱼洗的样式。

“彭元光所”羊纹铜洗

汉（公元前206—220年）
高11.2、口径25、底径16厘米

宽口沿外敞，浅鼓腹，平底，腹饰三道凸弦纹。腹内壁有两块长方形补丁，内底铸阳线羊纹，外底刻四字铭文“彭元光所”。

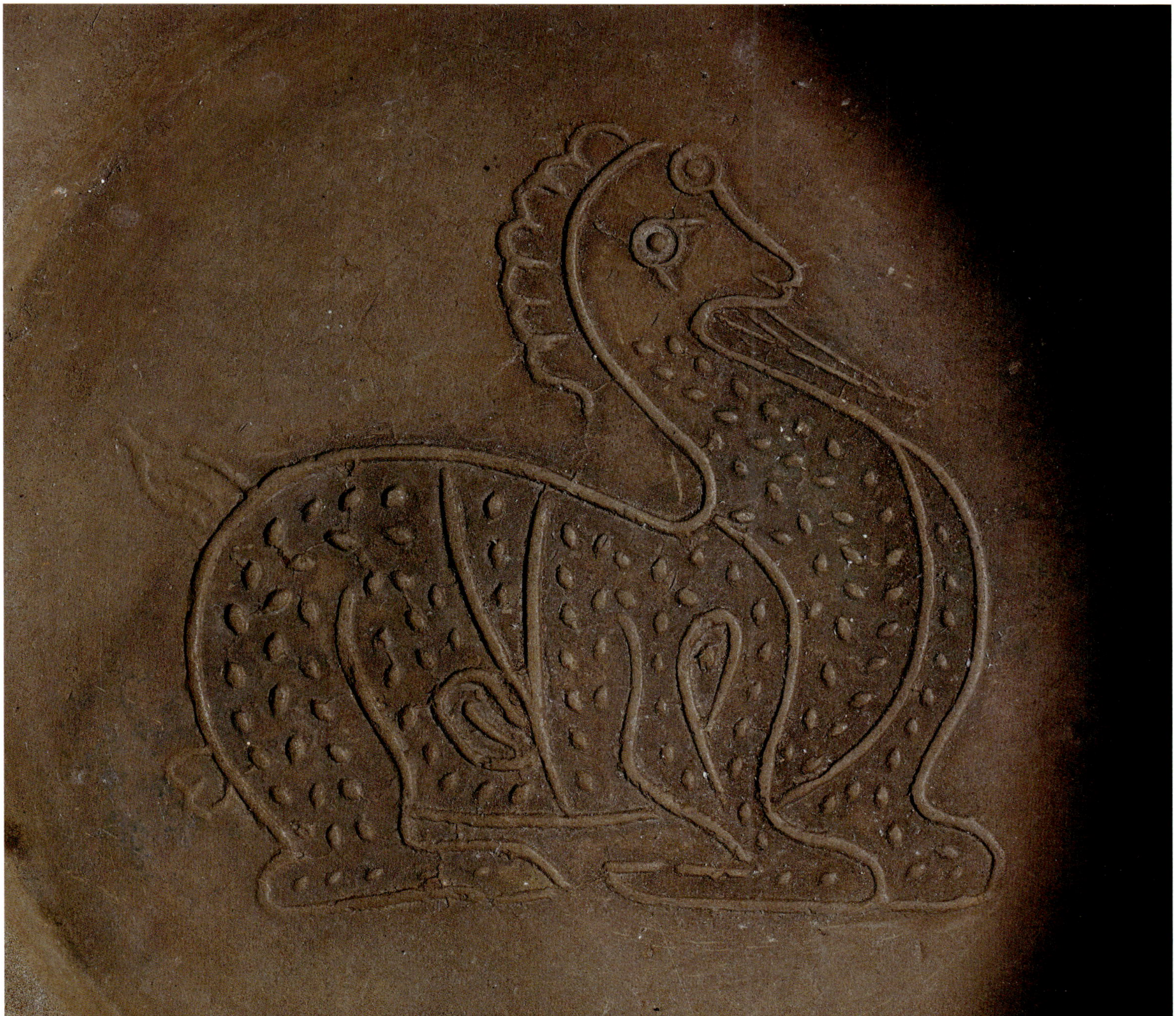

四鱼铜洗

宋（960—1279年）
通高17、口径39.4、底径26厘米

敞口，口沿对置立耳，深直腹，平底。内底中心饰数周弦纹，周围浮雕四鱼顺时针游弋，鳞鳍清晰，鱼口中吐出水浪纹分布于内壁，内壁口沿处饰三道弦纹。

此类器又被称为“喷水鱼洗”，当用手摩擦双耳时，由于共振现象，容器中的水随之向上喷射。

凫首柄三足铜鐎斗

唐（618—907年）
通高19.8、通长18.8厘米

圆形口，一侧有如意形沿，另一侧置流口，长柄，柄首做凫首形。折颈，浅直腹，平底，三蹄形长足。

鐎斗为炊器，又称“刁斗”。《史记·李将军列传》有“以铜做鐎器，受一斗，昼炊饭食，夜击持行，名曰刁斗”“形如铜，以铜做之，无缘，受一斗，故云刁斗”，故一说鐎斗多为军中所用。鐎斗盛行于汉至六朝时期，至唐代趋于消亡。

光绪十六年广州文庙兽面纹铜簠

清（1644—1911 年）
通高 19.6、口长 26.4、口宽 21.2、底长 21.2、底宽 16.7 厘米

子母口。器身呈长方形，直口，腹下内收，腹部两侧附兽形半环耳，束腰，方圈足外撇，足正背面皆有宝盖形缺口，两侧各有拱形缺口。盖与器身器形基本相同，盖顶置波浪形捉手，两侧附兽形半环钮。器身腹部饰以雷纹为地的兽面纹，腰部饰一周雷纹，足部饰以雷纹为地的变形兽纹。盖身饰以雷纹为地的兽纹，捉手饰以雷纹为地的变形兽纹。盖顶饰雷纹及交龙纹，有篆书铭文“谨遵钦定制造广州文庙宝簠，光绪十六年庚寅夏两广总督李瀚章署广东巡抚游智开铸，监造官通判许培桢”。

簠，祭祀、宴飨时盛放饭食的器具。《周礼·舍人》载：“凡祭祀共簠簋。”郑玄注：“方曰簠，圆曰簋，盛黍、稷、稻、粱器。”它出现于西周早期后段，盛行于西周末期至春秋初，战国晚期后消失，后又被用作文庙祭器。文庙祭品中，除牺牲外，祭器有登、铏、簠、簋、笾、豆、镈、爵、炉、镫等，分别陈设于先师位、四配位、十二哲位、东庑、西庑，不同位置供奉的祭器数量也有区别。

光绪十六年广州文庙兽面纹铜簠及局部

光绪十六年广州文庙波浪纹铜簋

清（1644—1911 年）

通高 23.3、口长 24、口宽 16.9、底长 20、底宽 12.8 厘米

子母口。器身呈椭方形，直口，腹微鼓，附龙形耳，束腰，椭圆形圈足。器盖为倒置椭圆盘形，盖顶置四只猫耳形钮。器身腹部饰雷纹、几何纹、瓦棱纹，腰部饰波曲纹，足部饰联珠纹、如意形云纹、重圈纹。盖身饰上下两周雷纹，中间为几何纹，钮部饰云纹，盖顶饰双凤纹，有铭文“谨遵钦定制造广州文庙宝簋，光绪十六年庚寅夏署广东巡抚游智开铸，监造官通判许培桢”。

最早的盨流行于西周晚期，到春秋时已基本消失。盨的形制近似于簋，但其为椭方形。盨的器名曾与簋混淆，直至容庚《商周礼乐器考略》才明确了它与簋的区别。此器即自铭为簋，但实为盨。后世盨用作文庙祭器。

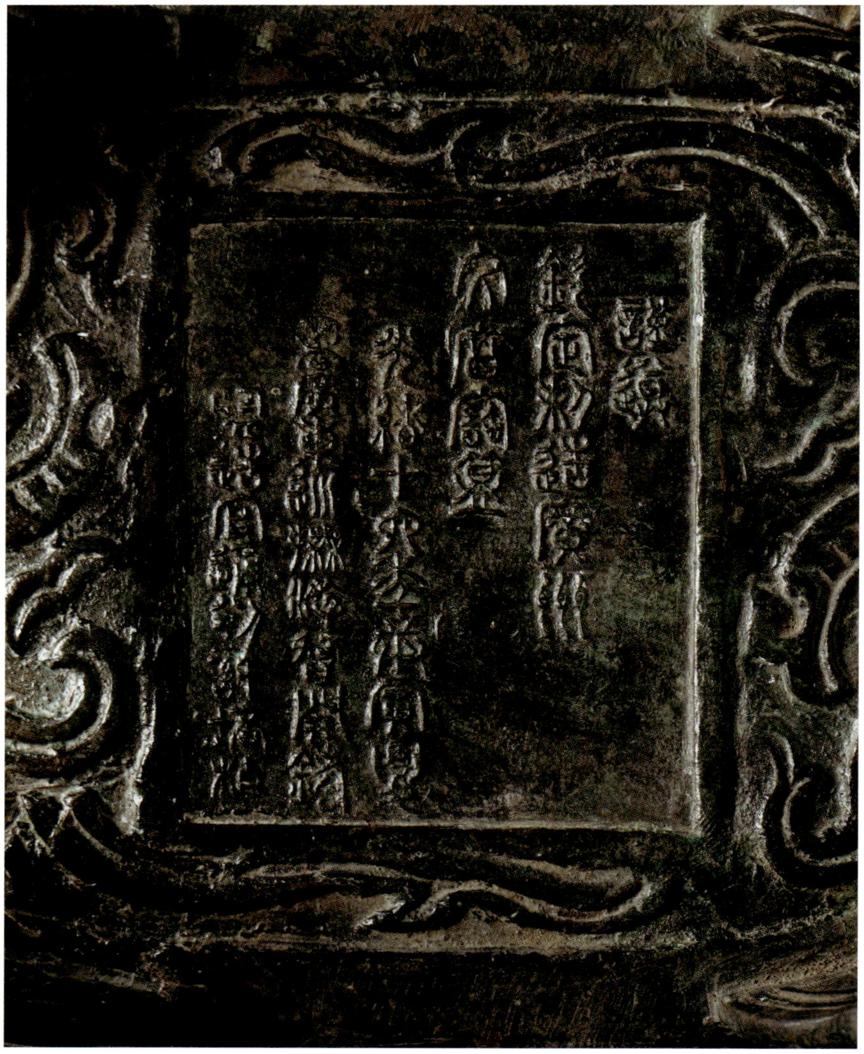

乐器

楚王孙铜钟

春秋（公元前770—前476年）
通高59、甬长20、铣距30.5厘米

合瓦形甬钟。甬长且粗壮，腔体较直，两铣略向外鼓，弧形于。甬部、舞部均饰窃曲纹，旋饰龙纹，干饰兽首。钲部前后共有36个圆台形枚，篆部饰窃曲纹，鼓部饰蟠螭纹，纹饰精美。钲部与左右鼓部皆刻铭，正背共6处48字。铭文书法流畅，挥洒自如。

钟是周代用于宴飨和祭祀的打击乐器，也可用作军中乐器。其形式自铙演化而来，分为斜挂的甬钟和直挂的钮钟。在礼乐制度中，编钟悬挂的数量和方法都有明确规定。据《周礼・春官・宗伯下》载：“王宫悬，诸侯轩悬，卿大夫判悬，士特悬。”天子的乐器采用四面悬挂，即宫悬；诸侯去其南面作三面的轩悬；大夫在左右两面悬挂；士仅东面或阶间悬挂。编钟每组数目不同，有三枚一组、八枚一组、十二枚一组等。

楚王孙铜钟局部

楚王孙铜钟局部

铜羊角钮钟

汉（公元前206—220年）
高24、钮距4.5、铣距14.3厘米

呈半橄榄形，上窄下宽。上端开长方形孔，顶为两枚羊角形錾钮，钮间有横梁。铣棱凸出，于口平直。通体光素。

羊角钮钟是战国至西汉时期南方百越、百濮地区独特的礼乐器，成组出现，且常与铜鼓伴出。其传播应与铜鼓的发展传播路径大致相同，从西南濮人生活的滇中一带向东至滇池地区，再向骆越人生活的红河和西江流域传播开来。

虎钮铜錞于

汉（公元前 206—220 年）
高 52、下口径 25.2 厘米

主体横截面为椭圆形，器体内空。顶为椭圆盘状，上立一只长尾虎形钮，虎作前扑状，虎眼圆睁，口部微张，头部及身体均饰波曲纹。錞于短颈，圆肩，腰部内收呈椭圆柱形，下口直，腔体较高。

錞于是始于春秋时期的打击乐器，沿用至东汉。主要用于军阵、祭祀和宗庙宴乐，主要分布在长江流域及华南、西南地区。

冷水冲型变形羽人纹四蛙铜鼓

东汉（公元 25—220 年）

通高 67、面径 92、胸径 91、足径 93 厘米

呈圆墩形。鼓面宽阔，略大于鼓颈，鼓胸圆凸，鼓腰向内收束，腰、足间以凸棱分界，鼓足渐向外侈，鼓身有两道合范线。鼓面中心饰12芒太阳纹，芒间饰坠形纹。芒外以单弦纹分22晕，各晕饰以羽状纹、栉纹夹勾连同心圆纹、复线交叉线纹、变形羽人纹、变形翔鹭纹间定胜纹、栉纹等。鼓面边缘饰四只青蛙，头部微昂，双目圆睁，尖嘴，臀部圆鼓，前两足展开，后两足并拢，身体光素，按逆时针方向等距排列。鼓身以单弦纹分晕，饰有与鼓面相同的纹带，鼓胸与鼓腰下部饰横向纹带，腰上部饰六组竖向纹带。鼓足由单弦纹分四晕，饰羽状纹、栉纹、圆心垂叶纹。胸腰间附扁耳两对，饰绳纹，各有两长方形孔。鼓胸、鼓足内壁两侧共有小环耳四对。

冷水冲型变形羽人纹四蛙铜鼓鼓面及局部

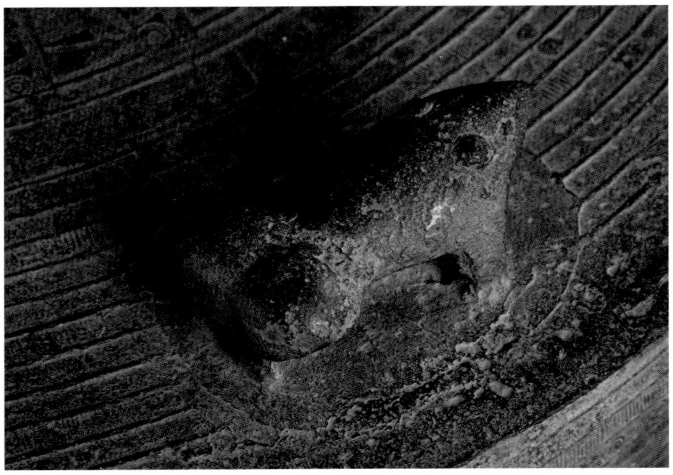

冷水冲型变形羽人纹四蛙乘骑像铜鼓

东汉（公元 25—220 年）
通高 63、面径 84、胸径 84、足径 82.5 厘米

呈圆墩形。鼓面宽阔，鼓胸微向外凸，束腰，腰足间以一周凸棱分界，高足外侈，鼓身有两道合范线。鼓面中心饰12芒太阳纹，芒间饰坠形纹。芒外以弦纹分21晕，各晕饰有水波纹、栉纹、同心圆纹、复线交叉纹、羽纹、变形羽人纹、变形翔鹭纹、眼形纹等。鼓面边缘铸有四蛙、两对乘骑像及一条鱼。四蛙按逆时针方向等距排列，头部微昂，双目圆睁凸起，尖嘴，丰臀，身饰辫纹。蛙间两对并排乘骑像对置，与蛙方向相同，鱼匍匐于鼓的边缘。鼓身也以弦纹分晕，饰水波纹、栉纹、同心圆纹、变形船纹、竖向变形羽人纹、细方格纹、圆心垂叶纹、眼形纹等。胸腰之间铸四只扁耳及两只环耳，扁耳两两成组对置，环耳于两侧对置。扁耳饰辫纹，上下各有一穿孔，环耳饰水波纹及辫纹。鼓内侧近足部有四只小环耳两两对置。

冷水冲型变形羽人纹四蛙乘骑像铜鼓局部

遵义型游旗纹铜鼓

唐—宋（618—1279 年）
高 23.5、面径 37.5、胸径 31.1、足径 37.2 厘米

呈圆墩形。鼓面宽阔，伸出鼓颈，鼓胸圆凸，胸下部向内渐收，形成反弧形鼓腰，腰下部外侈，再向下折形成鼓足，鼓足微向外撇，鼓身有两道合范线。鼓面中心饰12芒太阳纹，光体大，芒体短小，芒间饰坠形纹。芒外以单弦纹分晕，晕内饰有栉纹、同心圆纹、变形游旗纹、羽状纹，其中两晕为素晕。鼓身亦以单弦分晕，除素晕外，饰栉纹、同心圆纹。鼓足饰圆心垂叶纹。胸腰间置大扁耳两对，上饰绳纹，中穿三孔。

遵义型铜鼓

唐—宋（618—1279 年）
高 30.5、面径 47.6、胸径 49.5、足径 49.5 厘米

呈圆墩形。鼓身较瘦高，鼓面略小于鼓胸，鼓胸微凸，胸下部反弧形内收形成鼓腰，鼓腰与鼓足间以一周凸棱分界，鼓足外撇，鼓身有两道合范线。鼓面中心饰12芒太阳纹，以单弦纹及双弦纹分晕，纹饰模糊难辨。鼓身纹饰漫漶不清，足部下方饰有复线角形纹。胸腰间置扁耳两对，每耳两端中部有长条形孔。

北流型雷纹六蛙铜鼓

西汉—唐（公元前 206—907 年）
通高 41.5、面径 71.2、胸径 62.6、足径 69 厘米
广东省廉江市营仔镇下洋村出土

呈圆墩形。鼓面宽阔，伸出鼓颈，鼓胸斜直，下部微外凸，反弧形向内收形成腰部，鼓腰与鼓足以一周凸棱分界，鼓足外撇，鼓身有两道合范线，面、身有垫片痕。鼓面中心饰八芒太阳纹，芒细长，芒间饰云纹。芒外以三弦纹分晕，各晕相间饰云纹、雷纹。鼓面边缘铸六只小蛙，逆时针方向排列，双目外鼓，四足站立。鼓身亦以三弦纹分晕，饰相间的云纹和雷纹填线纹。胸腰间置四扁耳，较小，中间有一方孔，饰羽状纹。

北流型雷纹四蛙铜鼓

西汉—唐（公元前206—907年）
通高32、面径70、胸径63.5、足径60厘米
黎梦萍捐赠

呈圆墩形。鼓面宽阔，伸出鼓颈，鼓胸斜直，下部微外凸，鼓腰略向内收，无常见的鼓足部分，底部即鼓足，鼓身有两道合范线。鼓面中心饰八芒太阳纹，光体及芒均高挺，芒尖穿过第一晕，尖端分三叉。鼓面以双弦纹分13晕，宽窄晕相间，各晕均饰雷纹填线纹，窄晕雷纹与宽晕雷纹相垂直。鼓面边缘饰四蛙，凸目，尖嘴，蛙身小，形态健硕但呆板无纹饰，呈顺时针等距排列。鼓身以三弦纹分晕，各晕均饰雷纹填线纹。鼓胸两侧对置双环耳，饰缠丝纹，根部饰三趾纹。一侧耳下近鼓足处饰一乘骑像，头部朝下，骑马者单手持缰绳，马身饰同心圆纹。

灵山型骑士纹六蛙铜鼓

东汉—唐（公元 25—907 年）
通高 59.1、面径 96.5、胸径 90.5、足径 88.5 厘米
广东省肇庆市高要区鼎湖山庆云寺捐赠

呈圆墩形。鼓面宽阔，伸出鼓颈，鼓胸微凸，胸以下逐渐收缩呈反弧形鼓腰，腰足间以凸棱分界，鼓足渐向外侈，鼓身有两道合范线。鼓面中心饰十芒太阳纹，芒体细长穿至第二晕，相间五芒末端分三叉，芒间饰钱纹。鼓面以双弦纹分晕，晕内饰蝉纹、席纹、虫形纹、四出钱纹、鸟纹、四出填线纹、四瓣花纹、骑士纹等。鼓面边缘铸六蛙，双目圆睁，尖嘴，后两足合并成一足，昂首挺立，身饰辫纹、复线半圆纹、密线螺旋纹，逆时针方向等距排列。鼓身以双弦纹分晕，分饰蝉纹、席纹、虫形纹、四出钱纹、鸟纹、四瓣花纹、变形羽人纹、四出填线纹、半圆填线纹等。鼓胸下部两侧各置双扁耳，上饰五组弦纹。

灵山型骑士纹六蛙铜鼓局部

灵山型变形羽人纹六蛙铜鼓

东汉—唐（公元25—907年）
通高50.5、面径79.5、胸径75.5、足径80厘米

呈圆墩形。鼓面宽阔，伸出鼓颈，鼓胸微凸，胸以下逐渐收缩呈反弧形鼓腰，腰足间以凸棱分界，鼓足渐向外侈，鼓身有两道合范线。鼓面中心饰十芒太阳纹，芒细长穿至第一晕，芒间饰四出填线纹。鼓面以双弦纹分晕，饰以蝉纹、虫形纹、四出钱纹、鸟纹、四出填线纹、变形羽人纹、变形鸟纹、四瓣花纹等。鼓面边缘铸六蛙，相间三只为累蹲蛙，按逆时针方向等距排列，鼓睛，尖嘴，身饰辫纹、复线半圆纹、密线螺旋纹。鼓身以双弦纹分晕，分饰蝉纹、四出填线纹、四出钱纹、鸟纹、虫形纹、变形羽人纹、席纹、四瓣花纹等。胸腰间置两对扁耳，饰绳纹。

麻江型游旗纹铜鼓

明（1368—1644 年）
高 26.5、面径 46.8、胸径 50、足径 45.5 厘米

呈圆墩形，较矮扁。鼓面宽阔，微伸出鼓颈，鼓胸圆凸，胸下部平缓内收成鼓腰，鼓腰中部有一道凸棱，鼓足外撇，鼓身有四道合范线。鼓面中心饰12芒太阳纹，细长，芒间饰坠形纹。芒外以双弦纹分晕，晕间饰凸形纹、“S”形云纹、乳丁纹、游旗纹、栉纹、兽形云纹等。鼓身以单弦分晕，饰乳丁纹、如意云纹、回纹、栉纹、云纹、复线角形纹等。胸腰间有大跨度扁耳两对，缺一耳，耳两侧饰绳纹，中间饰两个回纹，有穿孔。鼓面内壁有四枚九叠文方印，两枚可辨认，为“楚雄卫山千户所百户印”。据记载，云南楚雄卫设于明洪武十五年（1382年），废于清康熙七年（1668年）。此鼓应为明代卫所设立期间所铸。

清（1644—1911年）
高26.3、面径46.5、胸径49、足径46.4厘米

呈圆墩形，较矮扁。鼓面宽阔，微伸出鼓颈，鼓胸圆凸，胸下部平缓内收成鼓腰，鼓腰中部有一道凸棱，鼓足外撇，鼓身有四道合范线。鼓面中心饰12芒太阳纹，芒粗短，芒间饰坠形纹。芒外以单弦分晕，各晕分别饰凸形纹、乳丁纹、云纹、游旗纹、菱格填花纹、栉纹、雷纹、兽形云纹等。鼓身以单弦分晕，饰乳丁纹、云纹、雷纹、栉纹、复线角形纹等。胸腰间置大跨度扁耳两对，耳两侧饰绳纹，中间饰回纹。鼓胸部上沿有一周划刻铭文“嘉庆三年戊午年三月十六日王家口口口吴长记 福寿 嘉庆三年王家买同古口四千文米三十斤口一千五百文 福寿”。铭文显示铜鼓购买时间为清嘉庆三年（1798年），据此推断，该鼓的铸造时间应不晚于此时。

“卢惟良制”款描金银多宝纹铜琴

明（1368—1644年）
长118、肩宽17.5厘米

仲尼式，琴弦缺失。琴额饰太极图，左右各饰一“卍”字纹和灵芝纹。琴侧饰缠枝莲纹。描银十三徽，面板饰描金磬、笛、箫、金刚铃、笙、琵琶、法螺、鼓、钹、拍板等，衬以描金银蝶纹。琴腹饰鎏金八宝纹，首部嵌两片圆形白玉，错银篆书铭文“壬寅吴兴卢惟良制”。

吴兴为今浙江湖州，卢惟良为晚明湖州制铜名匠。

武器与工具

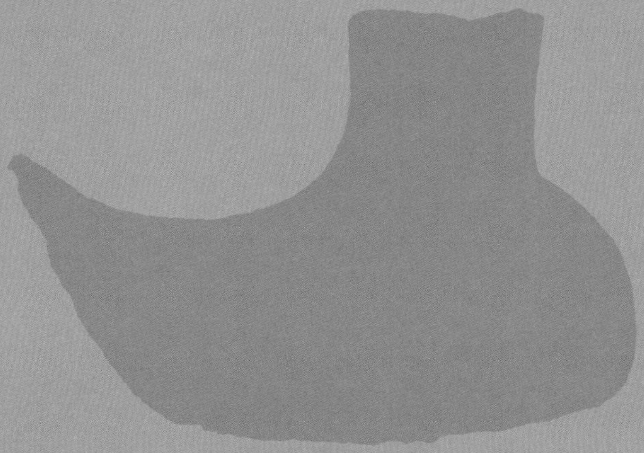

铜矛

商（公元前1600—前1046年）
长23.7、叶宽6.8、骹口长3.5、骹口宽3.2厘米

叶长锋尖，两翼宽阔，呈弧曲形下延，后段狭长，各有穿为系。中脊延伸至骹，脊中部饰微凹的叶纹，骹孔呈直角菱形。

矛由矛头、柲和镦组成。矛头则由叶（即锋刃）和骹两部分构成，锋刃分前锋和两翼，骹即銎，柲插入其中。矛在商代已是常见的青铜兵器，矛头样式在各时期均有所不同，有短叶矛、长叶矛。此矛为叶刃带系式矛，流行于商晚期。

四棱刃铜矛

战国（公元前 475—前 221 年）
长 24.5、叶宽 2.4、骹口径 2.1 厘米

窄长叶，尖锋，叶中部向内收杀，中脊起棱高凸为刃，形成四刃。长骹，骹深入锋部，偃月形骹口，近骹口处有一鼻钮。通体光素。一段干枯的木柲仍残留于骹内。此器的四棱刃以及两叶的造型大大增强了其杀伤力。

岭南地区，骹部附有单鼻钮的铜矛数量众多，但叶中间呈折角收杀的造型比较罕见。此矛为岭南当地出水器，附着河砂黏结物，且骹上有单鼻钮，考虑为西江瓯骆先民遗物。

铭文铜戟戈

春秋（公元前 770—前 476 年）
援长 17、阑长 13.2、内长 10.2 厘米

窄直援，前锋尖锐，无脊。胡略短，下阑长于胡，阑侧有三穿。内中有长条形穿，内后端有弯形孑刺。胡末端阴刻一字铭文。

戟是由戈派生出来的复合型兵器，最早出现于商代中期，西周时有所创新，东周时成为军队的主要武器，尤其是战国时期，“执戟”成为士兵的同义词。有分体联装式戟（多是戈、矛结合），亦有合体浑铸式戟，兼有刺杀和钩啄双重功能。此器应为分体联装戟上的戈，称为戟戈。

刃内铜戈

战国（公元前 475—前 221 年）
援长 18.6、阑长 13.5、内长 11.6 厘米

援狭长略弧上扬，中部起脊，援前段稍宽，锋尖，后段更狭。胡部有三刺，近阑处有一圆穿和三个竖向长方形穿。内长有刃，似尖头上翘的刀刃，有一条形穿。

戈是古代最常见的钩杀类兵器，在二里头时期已出现，沿用至秦汉时期，形制变化复杂。发展成熟的戈由戈头、柲、柲冒和镈构成。戈头是其作战主体，固定于柲的顶端。柲即柄，其截面为椭圆形或前扁后圆形，便于握持且确保作战中戈头向内钩时不会发生旋转。

夹耳铜戈

战国（公元前 475—前 221 年）
援长 20.5、胡长 14.4、内长 5 厘米

圭形援较宽，脊棱偏上不居中，锋尖，呈三角形，下刃略弧。援本部有夹耳，夹耳两端为弯卷的刺。长胡扁宽，外撇，有三个长条形穿。短内上扬，内有两个长条形穿及四个圆形穿。通体光素。

越南东山文化常见带夹耳的青铜戈，夹耳用来固柲。这种长胡多穿戈虽造型与中原铜戈类似，但援本部有夹耳，内尾上扬，援与胡之间夹角较大，胡外撇，不具备中原戈常见的侧阑，这些特征都暴露出其鲜明的骆越地方特色。

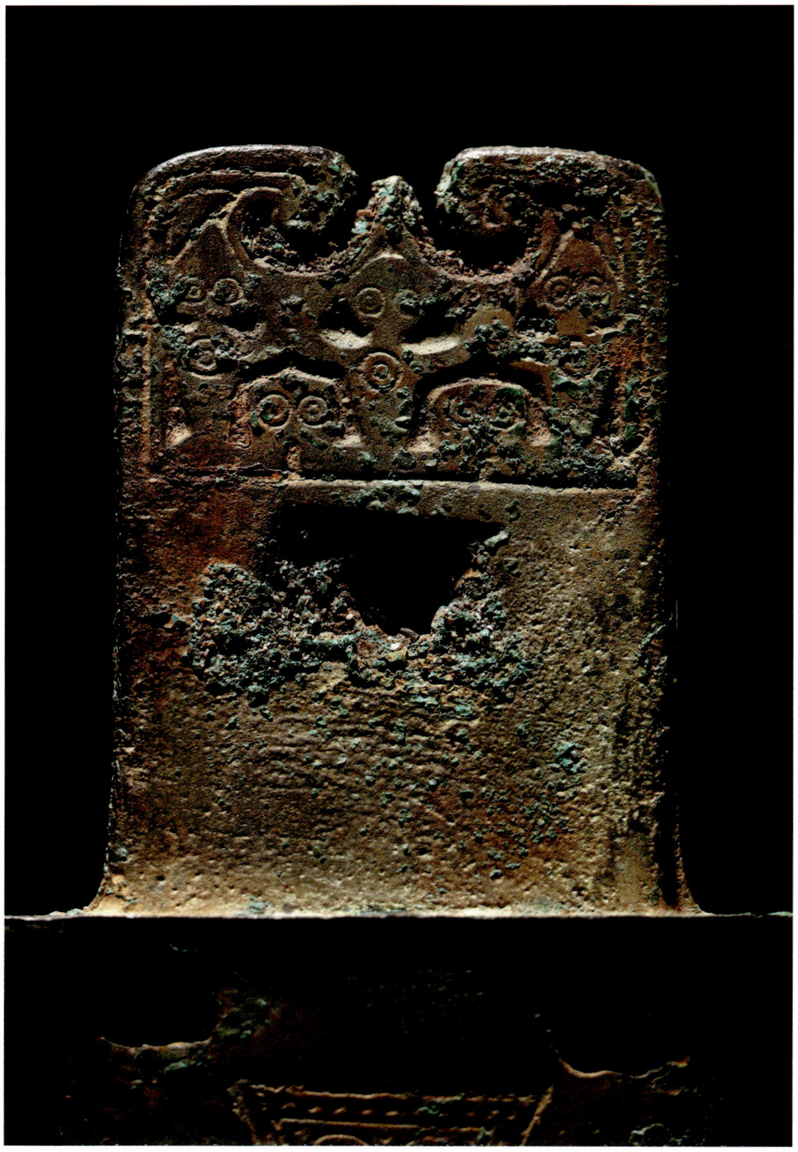

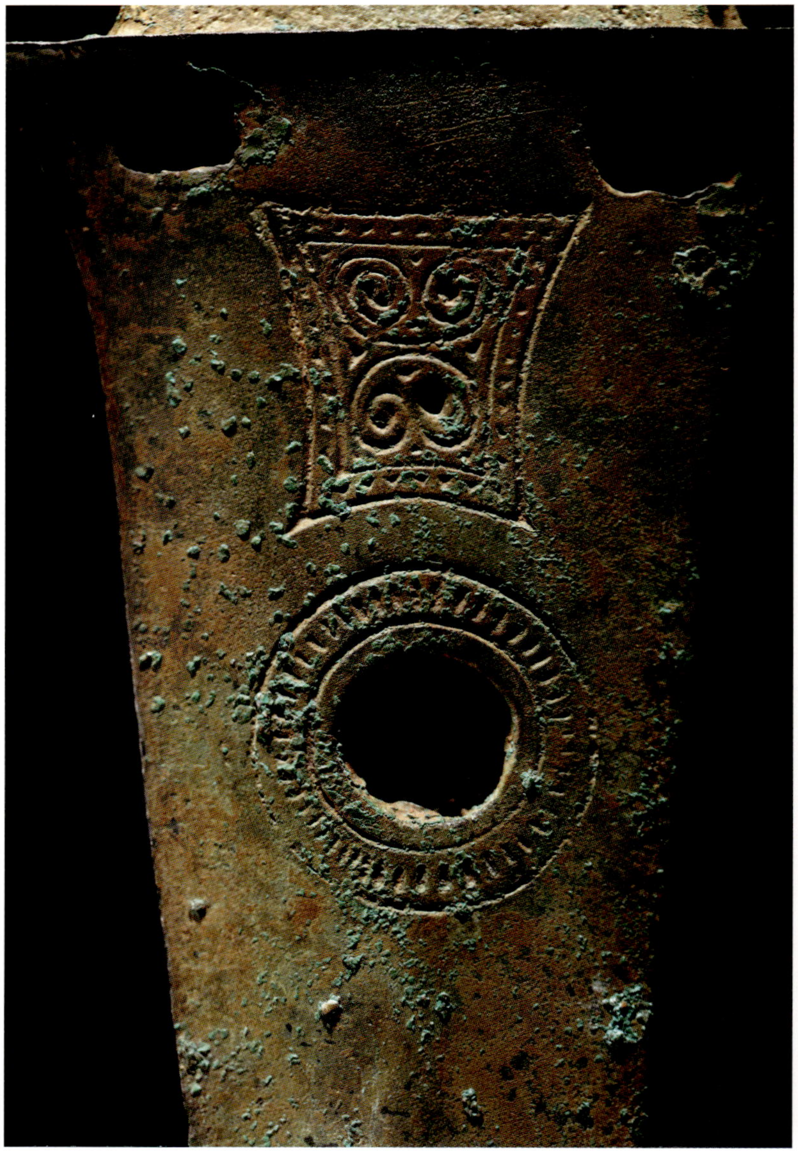

直内曲援云纹铜戈

战国—西汉（公元前475—公元25年）
援长17.7、内长6.2厘米

长援略弧，无脊棱，锋弧钝，正中一圆穿饰太阳纹，近阑处有一梯形框，内饰卷云纹，援末阑内置两个方形穿。长方形直内，内首内凹，饰云纹，内中心有一方形穿。

此形制的铜戈常见于滇文化区和广西、越南的骆越文化区域，与中原铜戈有较大差异，显示出鲜明的地域特色。

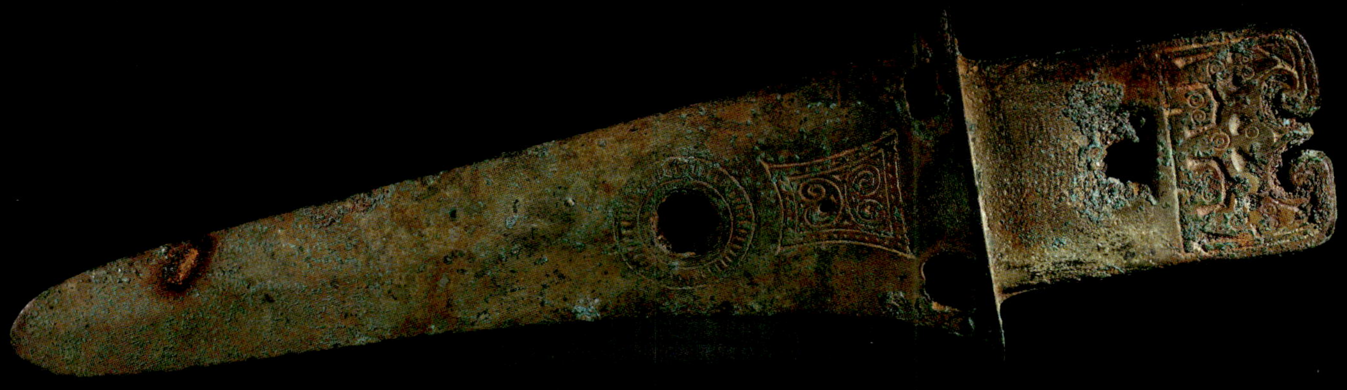

钩内铜戟

战国（公元前475—前221年）
援长16.5、阑长14.2、内长10.1、刺长23厘米

窄援略上扬，脊微凸，前锋尖锐。长胡有三个波状孑刺，下阑略长于胡，阑侧有三穿。内为钩形，内中部有一穿。援本上端连铸一扁体矛形长刺，锋尖，有脊。刺、胡成一线且与援、内成“十”字形垂直。

此器属戈矛合体浑铸式戟。

铜剑

战国（公元前 475—前 221 年）
长 61、格宽 4.4 厘米

剑身长，直脊高挺，锋尖，有刃，剑身前段收狭。菱形薄剑格，圆茎中空，无箍，圆形首。

剑是古代贵族、战士携带的近身格斗武器，可斩可刺。春秋战国时期，佩剑还显示了等级身份。据《考工记》记载，佩剑按照尺寸重量的不同可分为上制、中制、下制，分别由上士、中士、下士佩戴。

铜剑

战国（公元前 475—前 221 年）
长 76.5、格宽 4.7 厘米

剑身较长，中脊起棱，两从斜弧，双刃于近锋处收狭，锋尖锐。“凹”字形剑格，圆茎上有两道凸箍，圆盘形剑首。

这种形制的长剑广泛流行于东周时期的中原、江汉和吴越地区。

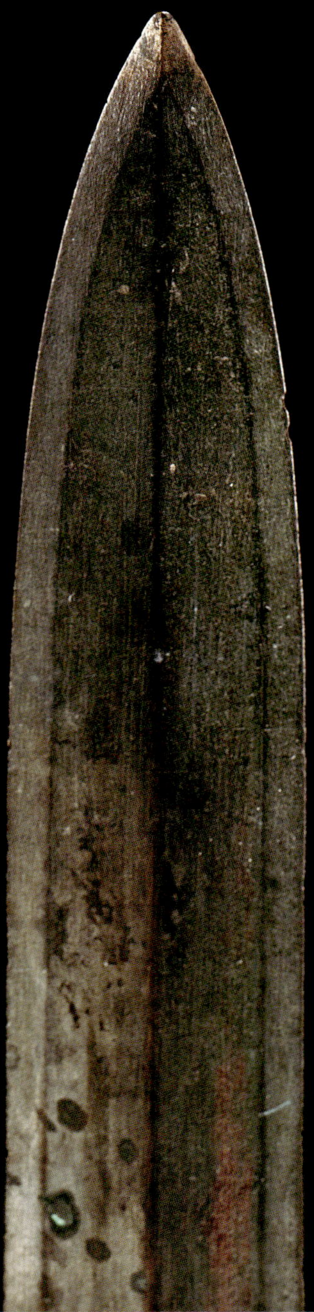

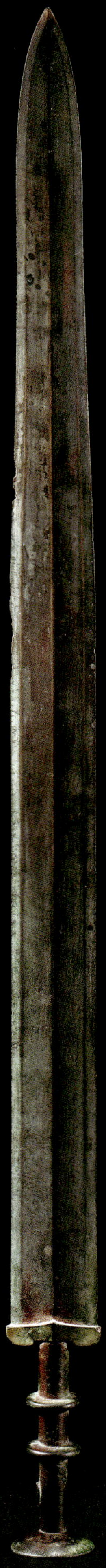

一字格曲刃卷云纹铜短剑

战国（公元前 475—前 221 年）
长 26.3、格宽 9、首径 4.8 厘米

剑身自格以下内弧，至中部弧出后又内收，圭形锋。“一”字形宽格，空心束腰形扁圆茎，椭圆首。脊上饰三组卷云纹，首、格饰“S”形云纹。

此类一字格短剑多为一体浑铸，中国云贵、两广及越南都有发现，具有浓郁的地域特色。其从云南中部向东、向南传至贵州西南、广西右江地区以及越南北部，是骆越受滇文化影响的例证。

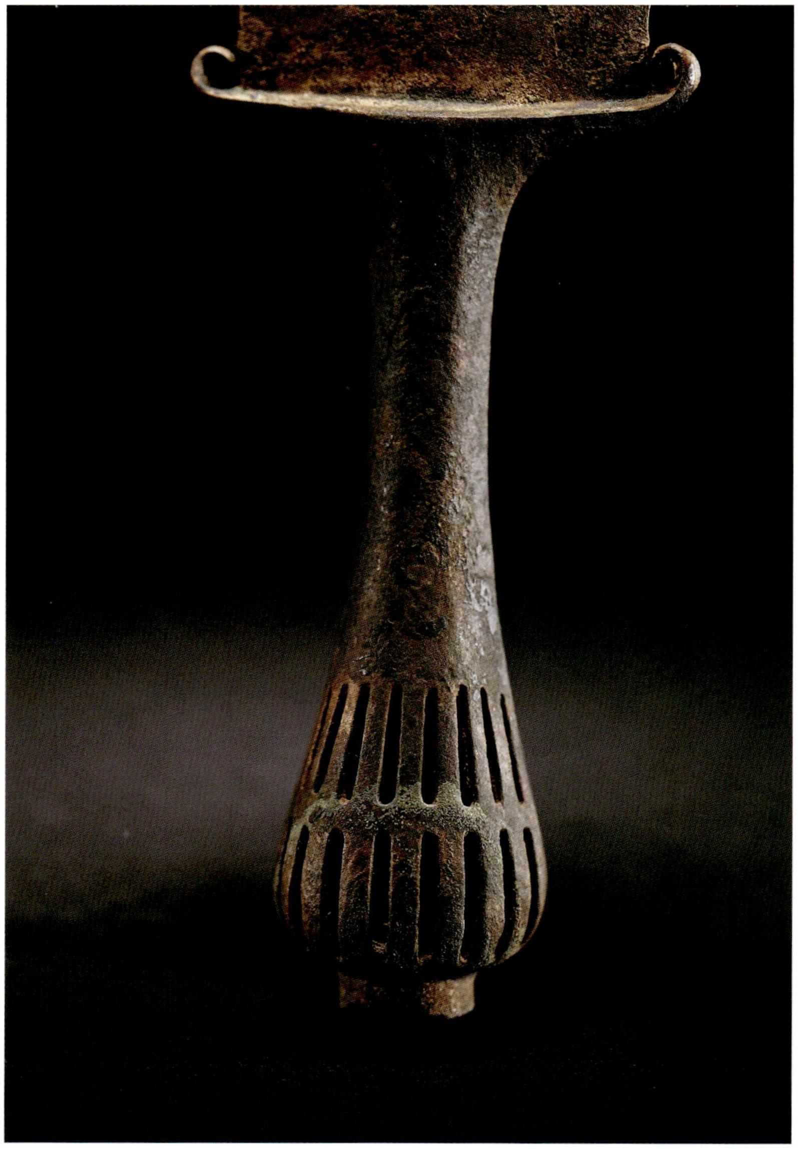

曲折雷纹空心圆茎铜短剑

战国（公元前 475—前 221 年）
长 23.1、格宽 4.6、銎口径 1.2 厘米

剑身长舌形，中心铸叶形开光，内饰曲折雷纹，无脊，锋圆钝。一字格两端向上卷成圆孔，空心圆形茎，剑首如葱头形镂空。

越南北部马江流域发现同样形制、纹饰的短剑，是东山文化的典型器物，其镂空剑首与我国山西、陕西、内蒙古等北方系青铜铃首剑有相似之处。

盾形纹铜短剑

战国（公元前475—前221年）
长21、格宽3.5厘米

剑身柳叶形，锋尖锐，中脊凸棱，脊部饰三组盾形纹。折肩，菱形剑格为分铸，可分离可套嵌。扁茎，茎端有圆穿。剑格内充满干枯的木质残留物。

这种扁茎短剑是岭南东周秦汉墓出土最多的剑式，有些剑身饰盾形纹，为中原地区所未见，是南方越族地区的特色。扁茎剑起源于关中地区西周早期的柳叶形剑，经湖南等地传至岭南，流行于西瓯地区，在发展演变的过程中注入了当地民族风格。盾形纹形似一扇门，顶部呈阶梯状，内有圆圈纹，也有称“门字纹”“蝉翼纹”“羽形纹”“鬼脸纹”，常见于西江流域的战国短剑和铜矛的中脊处。

此扁茎剑附加了一个剑格，剑格的小切口呈明亮的灰色，推测铜质有较高的含锡量。与那些身、格、茎、首通体合铸的铜剑不同，从现存资料来看，无格、无首的扁茎剑的柄装几乎未发现完整实物。而此器的套装剑格为我们提供了罕见的物证，证明扁茎剑并非真的“无格”，而是分铸合装，弧肩向折肩转变就是为适应套装剑格。而剑格内的木质残留物更印证了扁茎剑的装柄方式，应为扁茎夹装木片，通过茎端的穿加固，茎身之间套装铜剑格，在茎木之外缠“缑”，有些还于茎末端安装剑首。

铁铤铜镞

战国（公元前475—前221年）
长34、翼宽0.8厘米
古长明捐赠

镞身有三翼，尖锋，断面呈三棱形。铤细长，实心三棱柱状，无关，铤尾为铁质。

镞是箭的前端，三翼镞出现较晚，大量流行于战国秦汉时期，多用作弩箭。镞身铜质，确保其锋利，铤铁质，可避免含锡造成的脆性，铜铁结合、三翼的造型以及加长的铁铤大大增加了穿透力和杀伤力。

卷弧刃“风”字形铜钺

战国（公元前 475—前 221 年）
高 9.6、刃宽 9.7、銎口长 3、銎口宽 1.8 厘米

长方銎，銎口一边高一边低，呈斜剖面。“风”字形钺身，无肩，刃作弧形向两侧弯卷，钺面有一穿。

“风”字形钺在滇中地区、滇南元江流域以及岭南西瓯、骆越地域均有发现，但在形制和纹饰上存在细微差别，例如銎口形状、两侧弧度、是否卷刃等。它们大多器形小巧，工艺简单，装饰朴素，有的刃部崩缺，应为兵器或实用的生产工具。

羽人船纹靴形铜钺

战国（公元前475—前221年）
高9.5、刃宽12.2、銎口径3.6厘米

六棱形銎口，尖跖方踵，斜弧肩，刃尖上翘。其中一刃面有三条长方形框，内饰菱纹，形成未封口的三角形，内有两只鹿同向并立，鹿角开叉上耸，鹿前方似有一狗。鹿上方有一简易弧形船纹，两个羽人站立船上，屈臂上举，作舞蹈状。另一面光素。

靴形钺是南方地区不对称钺的一种，发现于中国云南、广西、广东、湖南以及越南等地，时代大多指向战国至西汉时期。靴形钺的形制存在多样性，这种前端上翘、根部略方的靴形钺未见于中国云南和两广一带，只见于越南北部，应是骆越人的遗物。楚地发现类似形制的武士纹靴形钺应属特例，极有可能自越地传入。

羽人船纹是先秦百越民族乐见的装饰，在铜鼓、铜桶、不对称钺上常有使用，应是其生活场景的真实反映。此钺上的羽人船纹线条较为简化，人物排列并非竞渡场面，人物屈肘举手的姿势更接近于花山岩画中的人物，似舞蹈又似祈祷，或许反映了宗教礼仪活动的场面。

锯齿纹靴形铜钺

战国（公元前 475—前 221 年）
高 8.8、刃宽 10.6、銎口径 3.3 厘米

六棱形銎口，尖跖圆踵，平肩，弧刃上翘。銎部饰凸弦纹、锯齿纹，銎侧置半环形鼻钮。

此靴形钺造型纤瘦，弧度圆润，与平乐银山岭战国墓地靴形钺（采：14）在形制、纹饰方面最为相似。同类型的靴形钺在西瓯人活动的桂江下游、西江中游一带有发现，并未在骆越地区发现。骆越地区的靴形钺往往呈现出棱角分明的造型，喜用船、羽人、舞人、鹿、狗等纹饰，这些特点在西瓯铜钺上较为罕见。

立鸟纹船形铜钺

战国（公元前475—前221年）
高6.4、刃宽8、銎口径3厘米

扁圆銎，弯月形身，圆弧刃。钺身饰简化船纹，与銎交界处有一三角形穿。刃背部铸一只立鸟，并延伸一横梁接銎部，又形成一穿。

建安二十二年“郭工稽福造”铜弩机

东汉（公元 25—220 年）

郭长 17.2、郭宽 3.5、郭厚 0.7、悬刀长 8.8、望山高 7.4 厘米

弩机有郭，郭面有箭槽，郭身前后各有一键横贯，把望山、牙、钩心和悬刀连接起来，组成一个可转动的整体。郭面饰三条错金银菱格纹带，并刻纪年铭文“建安廿二年五月十六日郭工稽福造”。

弩是装有长臂和发射机枢的远射武器，用于向远处发射箭矢，杀伤力强。铜弩机是控制弩发射的重要部件，装置于木弩后部。弩最早发现于春秋晚期的楚国地区，结构简单，无郭，仅有用于钩弦的牙、瞄准用的望山和作为扳机的悬刀。汉弩在形制上有显著的改进，铸造精良，大量使用。

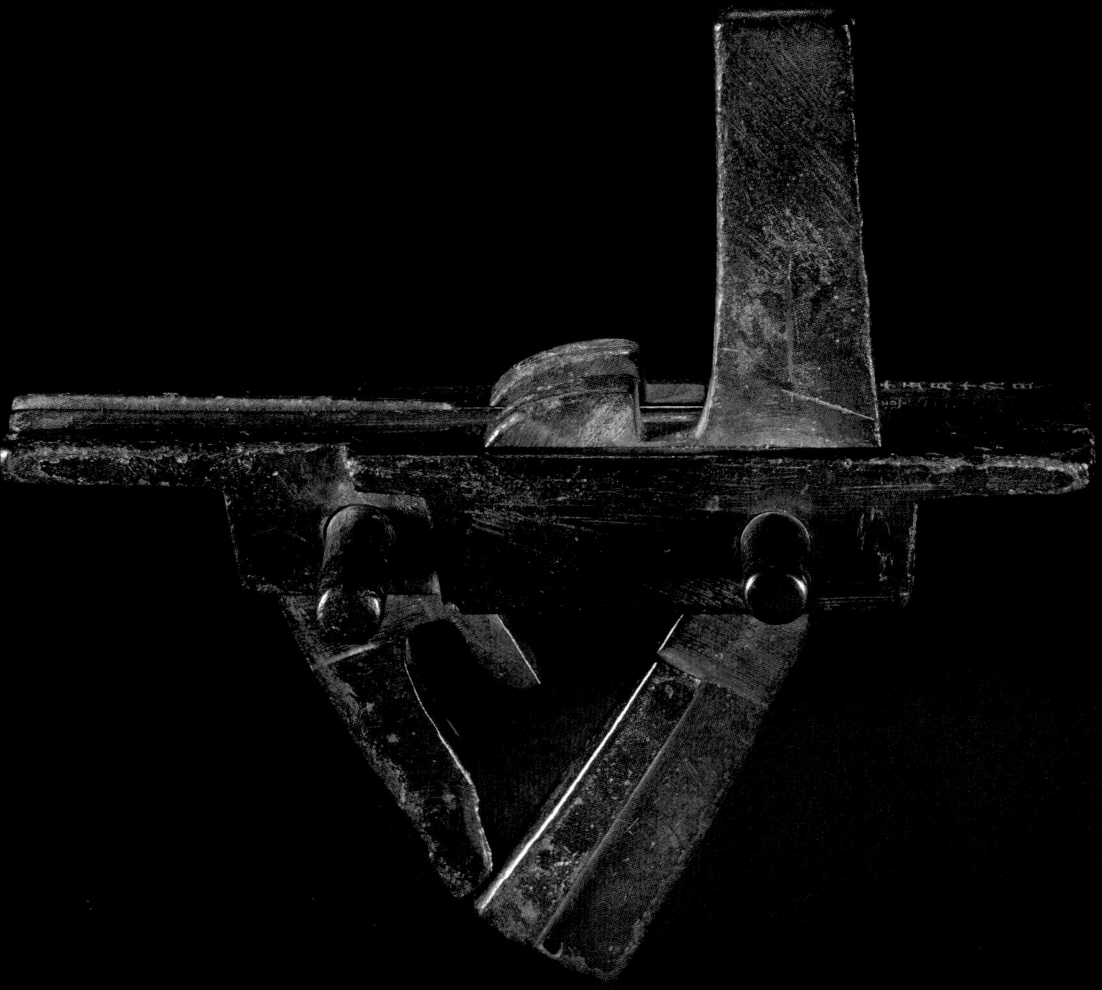

建安廿二年五月十六日

铜镜

“山”字纹铜镜

战国（公元前 475—前 221 年）
直径 14、厚 0.3 厘米

呈圆形，胎体极薄，桥钮，方钮座。钮座四边对应四个“山”字纹，“山”字底边与钮座边平行。钮座四角伸出条带纹，与“山”字纹交错，条带纹上缀有单片花瓣及四瓣花纹。羽状纹衬地。素卷缘。

“山”字纹镜在南方楚文化地区出土的战国铜镜中占比很大，湖南出土较多，湖北、安徽、河南等地区也有出土。以四山镜最多，五山镜出土和传世较少，三山和六山更为罕见。

“见日之光”草叶纹铜镜

西汉（公元前206—公元25年）
直径11.3、厚0.15厘米

呈圆形，圆钮，方钮座。座外为方格铭文带，铭有“见日之光，天下大明”八字，方格四隅各伸出一株双叶花枝。外区有四乳丁，均匀分布于方格四边正中，乳丁外侧置桃形花苞，两侧饰单层草叶纹。镜缘饰十六个内向连弧纹。

草叶纹镜流行于西汉早中期。

八禽博局纹铜镜

汉（公元前206—220年）
直径18.2、厚0.5厘米

呈圆形，圆钮，柿蒂纹钮座。座外为方框形铭文带，内铭“子丑寅卯辰巳午未申酉戌亥”，与十二枚乳丁相间分布。主区饰八枚乳丁、博局纹及八只禽鸟纹。外围铭文带“尚方作镜真大好，上有山（仙）人不知老，渴饮玉泉，饥食枣口口”。斜缘由内向外饰三角齿纹、折线纹、三角齿纹。镜缘为三角缘。

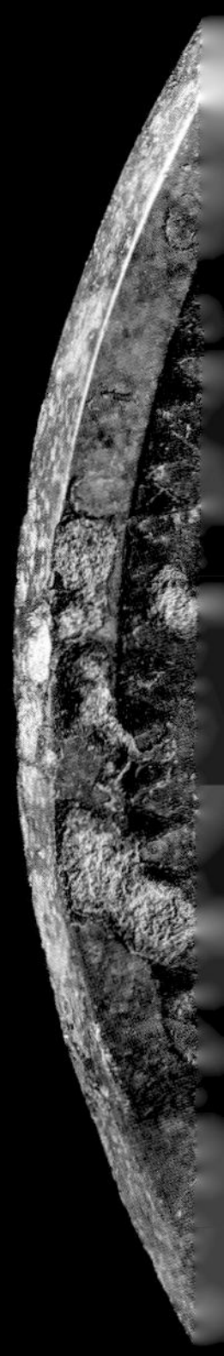

龙虎奔马纹铜镜

东汉（公元 25—220 年）
直径 17.4、厚 0.5 厘米

呈圆形，圆钮，圆钮座。座外有方形弦纹带，主区由四乳丁分为四部分，分别浮雕龙纹、虎纹、马纹，体态壮实，线条流畅，形象生动。外围一周铭文带“尚方作镜真大好，上有仙人不知”。斜缘饰栉纹、云纹。镜缘为三角缘。

兽钮环状乳半圆方枚神兽铜镜

东汉（公元25—220年）
直径10.3、厚0.3厘米
顾丽江捐赠

呈圆形，兽面纹半球形钮，圆钮座。主纹饰为四只神兽及相间的四个神人，神人与神兽间有环状乳。外围饰相间的十个方形枚与十个半圆形枚，方枚饰铭文“吾作明镜，幽湅三商，周元”，半圆形枚饰云纹，枚间饰粟点纹、云纹。镜缘内侧饰三角齿纹，缘上一周铭文“吾自作明镜，幽湅三商，周刻万疆，四气象元，六合设张，伯牙举乐，众富见贾番，其师命长”。铭文外饰卷草纹。

东汉至三国时期，半圆及方形枚纹样较为流行，半圆形枚上多饰卷云纹，方形枚上多有铭文。

海兽葡萄纹铜镜

唐（618—907 年）
直径 12.4、厚 1 厘米

呈圆形，兽形钮，钮座为山石图案。双弦纹凸棱将镜背分成内、外两区，内区饰海兽葡萄纹，四只瑞兽围绕在兽形钮周围，瑞兽间饰缠枝葡萄纹。外区饰缠枝葡萄纹和飞鸟纹。镜缘斜凸，饰以齿纹。

海兽葡萄镜，又称瑞兽葡萄镜，宋人称之为海马葡萄镜。最早出现于初唐，武则天时期最为流行。此镜胎体厚重，皮壳黝黑发亮。浮雕纹饰刻画精细，瑞兽的五官与身体细节、一粒粒的葡萄、花叶的脉络、飞鸟的羽翅，都极为清晰，堪称唐代海兽葡萄镜的代表作品。

“真子飞霜”葵形铜镜

唐（618—907年）
直径18.2、厚0.3厘米

呈八瓣葵花形，伏兽形钮，荷叶纹钮座。荷叶扎根于一小水潭中，潭水泛起涟漪和些许波浪。镜左侧饰一道士坐于竹林中弹琴，道士前方有一只案几，上有笔与书卷等物。镜右侧饰展翅起舞的凤凰。钮之上有田字方格，格内有“真子飞霜”四字铭文。铭上饰云山日出图案。

盛唐时期出现了大量的人物故事镜，“真子飞霜”是其中较流行的一个题材。对于真子飞霜的故事说法不一，一说真子为人名，飞霜系琴曲；一说是伯牙鼓琴；还有观点认为是佛教用语，称大乘菩萨为佛之真子。

鸾兽纹菱花铜镜

唐（618—907 年）
直径 15.2、厚 0.4 厘米

呈八菱形，伏兽钮。内区下陷为圆形，在流云中两只瑞兽与两只鸾鸟相间飞奔追逐。外区菱花瓣内间饰云纹与折枝花纹。凸缘。

此镜镜体厚实，呈黑褐色，表面光洁明亮，显示出高铅锡合金配比。自由流畅的鸾兽纹饰一改汉魏六朝镜的拘谨程式，灵性而生动。此镜充分体现出唐代铜镜形制之创新，纹饰之绮丽，制作之精美。

“亚”字形双凤纹铜镜

宋（960—1279年）

长15.2、宽15.4、厚0.1厘米

呈“亚”字形，小圆钮，钮外对饰双凤折枝花纹，围以一周联珠纹。素缘宽平。

北宋铜镜的形制和纹饰较前代发生了很大变化，“亚”字形镜出现，镜钮变小，单线白描式的图案处理，都具有明显的时代特征。

钟形铭文铜镜

宋（960—1279年）
长13、宽9.3、厚0.5厘米

呈钟形，钟顶为一方形环钮，双弧形底，铣部外扩。镜中心置一圆钮，两侧阳文铭文“河澄皎月，波清晓雪”。镜缘窄凸。

此八字铭文源于唐代的回文诗，可顺读，也可倒读，类似于文字游戏。“河澄皎月，波清晓雪”铭文镜宋代较为流行。

“湖州真石家念二叔照子”葵形铜镜

宋（960—1279 年）
直径 12.5、厚 0.2 厘米

呈六瓣葵花形，圆钮，无钮座。无纹饰，钮两侧各有一长方形戳记，相互倒置，一为“湖州真石家念二叔照子”，铭文分双行，中间有分割线；一为“炼铜照子每两壹伯文”。

宋代，铜镜工艺从辉煌期逐步走向衰落，但形制多样是这一时期铜镜的一大特色。宋代铜镜除了继承传统，延续唐代的镜式外，还出现了很多新样式，六出葵花形镜便是其一。南宋形成了湖州和饶州两大制镜中心，镜子多为素镜，并常有制镜产地及作者的戳记铭文。

汉梵文准提咒文铜镜

元（1271—1368年）
直径9.5、厚0.7厘米

呈圆形。正面近边缘为一周环形凹槽，槽内有梵文铭。背面以重环分为内、外区，内区饰千手佛的背面像，佛结跏趺坐于莲座上，各手均执法器。外区为一周汉字铭文准提咒语。宽素缘。

元代统治者信奉藏传佛教，铭刻有准提咒语的铜镜在此时期较为常见。

洪武二十二年云龙纹铜镜

明（1368—1644 年）
直径 11.7、厚 0.5 厘米

呈圆形，山形钮。钮右侧饰一龙，龙首在钮下，身躯蜿蜒，后肢与尾部交缠，周身环以海水云纹。钮左侧长方形框内铸篆书铭文“洪武二十二年正月日造”。宽素缘。此款铜镜存世量较大，是较为常见的明代铜镜。

文房与陈设器

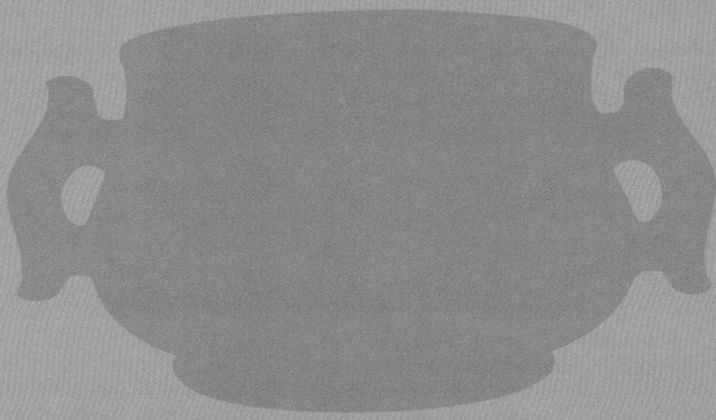

铜嵌金银兽形水注

明（1368—1644 年）
高 9、长 11.5、宽 4.8 厘米

呈站姿兽形，器内中空，胎体较厚。兽头上昂，头顶两细尖角，双目圆睁，如意形鼻头，口微张，口部一圆孔为滴水处。颈部有一项圈，背上有盖，可掀起，尾部下垂摆向左侧。四肢粗壮较短，偶蹄，四腿靠近蹄部的后方均有两向后的趾。瑞兽四肢上部及身体两侧浮雕云纹，周身以嵌错金银装饰。水注为文房用品，此器造型威严端庄，装饰华丽，制作精巧。

蝉纹提梁三足兽形铜壶

明（1368—1644 年）
高 10（不含提梁）、长 17.5、宽 10.3 厘米
顾丽江捐赠

呈椭圆形。椭圆形壶盖，饰菱形雷纹，鱼形盖钮。器顶置螭形提梁，平肩饰雷纹地夔纹，圆腹饰蝉纹。兽头流，兽头双耳双角，双目圆睁。尾部呈鱼形。圜底较平，小巧三蹄足。

狮形铜纸镇

明（1368—1644年）
高1.8、长6.4厘米

呈趴伏状狮形。如意头形鼻，长鬃毛，背部鬃毛以线刻形式表现，尾卷曲，四足屈。

“镇”意为“压”，用以压物的东西为“镇”，纸镇即为压纸张的文房用具。

“大明宣德年制”款铜鎏金象足炉

明（1368—1644 年）
通高 33、口径 20 厘米

侈口，方唇，立耳，束颈，圆腹，底微圜。三足铸成象头形，象颈部戴项圈，饰有涡纹，双耳下垂，目微睁，象牙上翘，象鼻外撇后内卷。器底铸楷书铭文“大明宣德年制”。此炉胎体厚重，铸造精美，线条流畅，通体鎏金，象足取“太平有象”寓意，华贵大气。

铜香炉作为熏香用器历史悠久，而“宣德炉”更是其中翘楚。宣德炉狭义上专指明宣德三年（1428年）宣宗为郊坛、太庙、内廷所铸的铜香炉，广义上泛指与其制造工艺相近的明清铜炉，其形制大多取自《宣和博古图》《考古图》及宋元名窑瓷炉的款式。其用料讲究，烧制精良，工艺精湛，是文人雅士钟爱的文玩。

“宣德年制”款铜方炉

明（1368—1644 年）
高 8、口长 12.9、口宽 10.2 厘米

呈长方形。四壁自上而下逐渐收窄，戟耳，四曲尺足。器壁厚，器身呈浅褐色，整体端方大气。器底镌阳文篆书款“宣德年制”。

方炉，亦称“台几炉”“马槽炉”。宣德炉系大多为圆形炉，方形相对较少。

“大明宣德年制”款透雕云龙纹铜炉

明（1368—1644年）
通高30.5、口长20.4、口宽17、底长18、底宽14.6厘米

由盖和炉身两部分组成。呈圆角长方形。圆角方形盖，盖顶置圆角方钮。炉身方口，凸唇，束颈，肩部丰圆饱满，自肩向下渐收，平底，竹节形四足呈“S”形弯曲，炉两侧附螭形耳。盖钮饰透雕螭纹，边饰竹节纹，盖钮下饰莲瓣纹，盖身透雕云龙纹，边饰竹节纹。炉口沿以竹节纹装饰，炉身正背面饰相对的龙纹，中间铸阳文“寿”字，炉身两侧饰顾龙纹，腹下饰竹节纹。器底正中方格内凹，铸阳文楷书“大明宣德年制”。整器褐中泛红，造型端庄，纹饰雕铸精细规整，是明代铜炉的佳作。

“大明宣德年制”款透雕云龙纹铜炉局部

“大明宣德年制”款洒金狮耳鬲式铜炉

明（1368—1644年）
高12.2、口径29厘米

呈鬲式。平口薄唇，短束颈，炉腹扁圆，平底，三兽足。腹两侧饰高浮雕狮首，足饰浮雕兽面。器底铭楷书款“大明宣德年制”。器体厚重，皮壳呈栗皮色，通体洒金，纹饰精美。整体端庄典雅，色泽温润，古朴的纹饰配以不规则的片状洒金，有低调奢华之感。

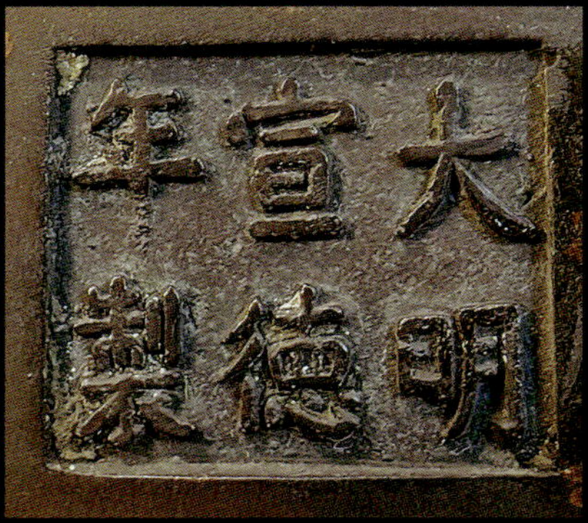

“宣德五年臣吴邦佐造”款洒金簋式铜炉

明（1368—1644 年）
高 8.6、口径 11.1、底径 8.8 厘米

呈簋式。口沿微侈，垂腹，矮圈足，戟耳浑圆弯曲，如同小蛇。器底铭楷书款“宣德五年臣吴邦佐造”。通体洒金。

据记载，吴邦佐是宣德炉督造官，宫廷停铸宣德炉后，其自己开炉烧造铜炉，品质一流。

“大明宣德年造”款冲天耳铜炉

明（1368—1644 年）
通高 6.8（不含底座）、口径 10.5 厘米

口微侈，冲天耳，短直颈，扁鼓腹，圜底渐平，下承三乳足。器底铭楷书款“大明宣德年造”。炉身端庄厚重，样式典雅，包浆色泽亮丽。配六足木座。

“先裕珍赏”款簋式铜炉

明（1368—1644年）
高6.8、口径11.6、底径10.6厘米

呈簋式。口微侈，短颈内收，垂腹丰肥饱满，圈足外撇。腹部置一对蚰龙耳，又称“蚰蜒耳”，实为龙形的简化。器身呈栗色，油润厚重，素身。器底铭减地阳文篆书款“先裕珍赏”。此炉造型大气庄重，皮色古朴，篆书款识功精韵雅，堪为佳作。

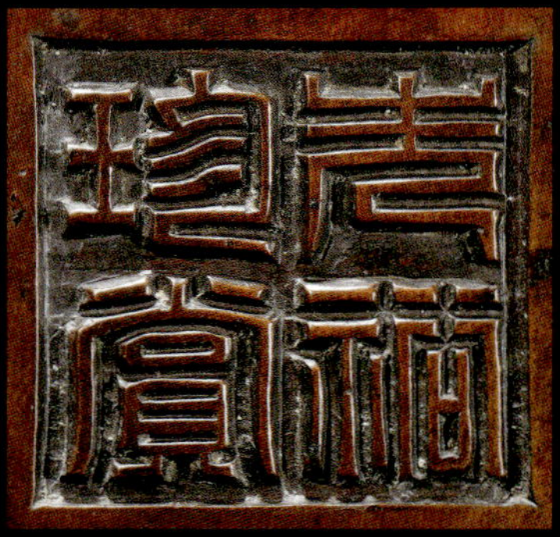

“玉堂清玩”款铜炉

明（1368—1644 年）
通高 6.2（不含底座）、口长 8.4、口宽 7.2 厘米
顾丽江捐赠

呈方形。口微侈，口沿上对置冲耳，收颈，垂腹，平底微凸，四乳足丰肥。器底铭篆书款“玉堂清玩”。此炉器体虽小，但造型端庄规整，典雅美观，匀称得体。色泽柔和，器表红褐色，底呈棠梨色。配方形木座。

“玉堂清玩”款与“玉堂珍玩”款铜香炉是明代权臣严嵩之子严世蕃（号东楼）所铸，“玉堂”是其堂号。严东楼所铸铜香炉典雅精致，是明代铜香炉中的佼佼者。

“崇祯庚辰尔瞻氏监制”款簋式铜炉

明（1368—1644 年）
高 6、口径 11.3、底径 9.7 厘米

呈簋式。直口，鼓腹，腹部附一对蚰龙耳，平底，矮圈足微外撇。器底有楷书款“崇祯庚辰尔瞻氏监制”。器壁较厚，棠梨色，温润秀雅。

“大清雍正年制”款桥耳铜炉

清（1644—1911 年）
通高 9.5、口径 14 厘米

圆口，桥形耳，垂腹，平底微凸，三钝锥足。器表呈杏黄色泛金，光素无纹。器底铸楷书款“大清雍正年制”。

麒麟铜熏炉

明（1368—1644年）
高21、长14.5、宽10.5厘米

立姿麒麟状，胎体较厚，器身中空。麒麟头为盖，头顶一角，两侧发须上扬，头上两立耳，毛发披肩，双目圆睁，如意形鼻头，口阔露齿。颈上铃铛为盖身相连的纹钮。麒麟身躯丰满，饰阴刻如意云纹，尾下垂。四足踏着长蛇，蛇头附在麒麟腰部。麒麟熏炉在明朝动物形熏炉中十分普遍，象征着祥瑞和威严。

官帽式铜熏炉

清（1644—1911 年）
通高 10、长 13、宽 10.5 厘米

采用明代官帽的样式。明代官帽是唐代幞头的变体，前低后高，中间有分瓣。桃形炉口，帕结以上为盖，上开四孔为烟路，两个狭长，一个圆形，一个银铤形。帕结鎏金，刻网格纹。底部中央刻一团寿。

造像与法器

洪武二十九年铜鎏金如来佛坐像

明（1368—1644 年）
通高 5.3、座宽 3.7 厘米

如来佛头绾螺髻，双耳下垂，双目微启，面貌安详，结跏趺坐于六角台莲座上，佛像鎏金。像背、莲座背、六角台束腰一周均有铭文。像背刻“周王欲报四恩命工铸造如来佛相一样五千四十八尊俱用黄金镀之”；莲座后刻“周府欲报四恩命工铸造佛相”；六角台刻“一样五千四十八尊俱用黄金镀之所以广陈供养崇敬如来吉祥如意者。洪武丙子四月吉日施”。

但用黄金鍍之所以

丙子四月吉日施

“大明永乐年施”款铜鎏金文殊菩萨坐像

明（1368—1644 年）
通高 19、座宽 12.1 厘米

菩萨头戴五叶冠，发髻高耸，有顶严，面庞平静，微含笑意，双耳长垂，饰耳环。身披帔帛，上身袒露，戴项圈，饰大璎珞，佩戴臂钏、手镯、脚镯、宝带。右手持宝剑，左手持莲花，上有经卷。结跏趺坐于束腰仰覆莲座上，莲瓣顶端饰如意头，莲座上下两端各饰一周联珠纹。座面铭刻“大明永乐年施”楷书款。铜鎏金工艺，胎体较厚。

在佛教中，文殊菩萨与普贤菩萨同为释迦牟尼辅弼，主智慧，其手持的宝剑与经书表示以智慧斩断烦恼。

“大明永乐年施”款铜鎏金绿度母坐像

明（1368—1644 年）
通高 21.5、座宽 13.5 厘米

绿度母头戴五叶宝冠，发髻高耸，面庞丰满，微含笑意，眉间白毫，双耳长垂。上身袒露，帛带缠绕，佩戴项链、璎珞、臂钏、手镯、脚镯，腰系长裙并有多个“U”形璎珞装饰，衣褶流畅。右手结予愿印，双手各持一茎莲花升至双肩。右舒坐，脚踏的莲花缺失。下承束腰仰覆莲座，莲瓣细瘦，瓣尖上卷。座面阴刻“大明永乐年施”楷书款。

藏传佛教得到元、明、清三代皇室的尊崇。明代有御用监佛作，是皇帝造办佛像的专设机构。现存最多的明代宫廷作品主要为永乐、宣德年间的作品，制作极为精美，且不少永宣佛像输入西藏，也影响了藏地的佛像艺术。

“大明永乐年施”款铜鎏金绿度母坐像局部

铜鎏金阿弥陀佛立像

明（1368—1644年）
通高26、座径5.8厘米

阿弥陀佛螺发高髻，宝珠顶严。面容深沉，略呈俯视，双耳长垂。身姿健壮，无领通身长袍紧贴肌肤，衣褶下垂。左手握衣角，右手结予愿印，双腿分开立于仰莲座上。

阿弥陀佛居西方，是西方极乐世界的教主，此尊阿弥陀佛接引像表现的是佛接引众生往生西方极乐世界的形象。

“金玉堂石叟”款铜错银云纹观音立像

明（1368—1644 年）
高 49 厘米

观音螺形盘发，佩如意形发饰。面庞饱满，双目微启，弯眉高鼻，双耳长垂，面容慈祥。袒胸佩璎珞，身着通肩长袍和缯衣，肩罩帔帛，衣纹流畅。跣足而立。衣裙饰错银卷云纹，背部有错银“金玉堂石叟”篆书款。

铜鎏金八手十一面观音立像

清（1644—1911 年）
通高 32.1、座宽 14.8 厘米

观音像呈立姿。头分为五层，上两层头为一面，下三层头各有三面。观音头戴五叶冠，两绺青金石色头发垂于肩头。耳佩花铛，颈戴项链，胸前佩两串珠链。观音有八臂，两主臂佩飘带，臂及腕部戴钏，三只手拿着法器，其余各手作手印。身穿长裙，下身佩璎珞，腿部衣纹为九层重叠下垂样式，跣足立于莲座上。莲座上部边缘饰一周联珠纹，下饰一层覆莲，莲瓣丰肥。

铜鎏金八手十一面观音立像局部

铜鎏金无量寿佛坐像

清（1644—1911 年）
高 12、座宽 7.5 厘米

佛像头戴五叶冠，双目微启，鼻梁高挺，面容寂静，耳戴垂叶环。胸前佩珠链，双臂披帛，腕戴手镯，双掌结禅定印捧宝瓶。结跏趺坐于莲座上，背光呈葫芦形，饰联珠纹和卷草纹。莲座饰仰覆莲瓣，莲瓣较丰肥，瓣顶端如意头较混沌。

铜鎏金白度母坐像

清（1644—1911 年）
通高 43.5、座宽 26.5 厘米

白度母发髻高耸，头饰璎珞，面庞丰满，双目微垂。双耳坠大耳环，发束下卷至两肩。上身袒露，斜披黑色络腋，饰菱格纹。身佩戴项链、璎珞、臂钏、手镯，均嵌绿松石。腰系束带并有多个“U”形璎珞装饰，裙饰花叶纹。眉间、双手、双足各有一眼，右手做予愿印。全跏趺坐，下承束腰仰覆莲座。

白度母因肤色洁白而得名，是藏传佛教中最受崇拜的二十一位救度母之一，乃从观音的眼睛中变化而来，性格最为温柔善良。

铜鎏金弥勒菩萨坐像

清（1644—1911 年）

通高 23.5、座宽 15 厘米

弥勒头戴五叶冠，发髻高耸，发束垂肩。双目微启，面含笑意，耳佩圆形大耳珰。上身袒露，佩戴项链、璎珞、臂钏、手镯、脚镯，佩饰嵌有绿松石、珊瑚石。双手结说法印，手中花枝升至双肩，左肩莲花上托宝瓶。下身着重裙，衣纹流畅。善跏趺坐于束腰方形台座上，双足踏于单层覆莲座上。封底，底板中心刻“十”字金刚杵。

弥勒在释迦牟尼佛寂灭了多年后从兜率宫中下降人世，称未来佛。从装束来看，弥勒有如来相和菩萨相两种，此尊的装束便是按照菩萨装来表现的。

铜鎏金尊胜佛母坐像

清（1644—1911 年）
通高 22、座宽 18.3 厘米

尊胜佛母三面八臂。头戴五叶宝冠，发髻高耸，发饰璎珞，发束下垂至肩部。面容饱满，眉挑鼻挺，三面额间各生一眼。上身袒露，佩戴项链、璎珞、臂钏、手镯、脚镯，身绕帛带，腰束长裙并饰多个“U”形璎珞装饰，佩饰嵌宝石。佛母手中持物均已缺失。全跏趺坐，下承覆莲座，座后部无莲瓣。封底，底板中心刻“十”字金刚杵。

尊胜佛母与无量寿佛、白度母并称为藏传佛教的长寿三尊，被认为是福寿吉祥的象征。

铜鎏金六臂玛哈嘎拉立像

清（1644—1911 年）
通高 20、座宽 14.5 厘米

玛哈嘎拉红色逆发，头戴五骷髅冠，三眼成忿怒状。上身袒露，佩璎珞，身绕青蛇，背披白象皮，象头朝右。六臂，最上左、右手持蛇头，中间右手持骷髅鼓，左手结期剋印，主臂左手持骷髅碗，右手持钺刀。腰间围虎皮裙，环绕人头项链。左展立，脚踏象头神，下承单层覆莲座。

玛哈嘎拉是梵语，意为大黑天，古印度把他视为军神或战神，是藏密的护法神。玛哈嘎拉有多种形象，有二臂的、四臂的、六臂的，多为单身造像，双身造像少见。

铜鎏金大威德金刚立像

清（1644—1911 年）
通高 23.5、座宽 21.4 厘米

大威德有九个头，分三层排列，最下层中间主头为牛头，戴五骷髅冠，额顶上两侧有细而长的朝天角，双耳竖起，张口怒吼。其余八个金刚头亦戴五骷髅冠，三目圆瞪，呈忿怒相。胸前、臂及腕均佩瓔珞，下身以人头、骷髅链、瓔珞蔽体。三十四臂，两主臂拥抱明妃，双手持骷髅碗和钺刀，其余三十二手持金刚铃、金刚杵等法器。十六条腿，左展立，左八足踏着八禽和四位天王，右八足踏七兽和四位明王。

大威德怀中的明妃称“罗浪杂娃”，头戴五骷髅冠，三目圆瞪，呈忿怒相，颈挂骷髅链。双手持骷髅碗和钺刀，一脚踏禽，一腿附在大威德腰间，下身以瓔珞串蔽体。

大威德金刚是格鲁派主修的重要护法神，以威猛力降伏恶魔，是为“威”，以智慧力催破烦恼业障，使众生从无明中解脱出来，是为“德”，合即威德金刚。

铜鎏金大威德金刚立像局部

铜鎏金宗喀巴嘎乌

清（1644—1911 年）
高 13、长 9、宽 6 厘米

龛顶呈如意形，下为方形，面饰浮雕兽纹、八宝纹。内置宗喀巴坐像，头戴黄教通人冠，身披袈裟，右臂袒露，全跏趺坐。双手结说法印，双肩承宝剑和梵箧。

“嘎乌”为藏语，即小型护身佛龛，多为银或铜制成，内置圣物或佛像，通常挂于胸前以祈佛法护佑，蒙藏贵族也将其藏在发髻中显示显赫的身份地位。

铜鎏金舍利塔

清（1644—1911年）
通高34、长19.5、宽19.5厘米

覆钵式塔。塔刹置宝珠、仰月、伞盖，塔颈为十三层相轮，卷云纹塔耳。塔身覆钵形，饰兽面瓔珞纹，中间开一小龛，卷云纹眼光门。塔基为三级圆形台阶，下承须弥座，座腰饰双狮火焰纹。

铜鎏金金刚铃

清（1644—1911年）
高18、口径9.5厘米

柄端为四股金刚杵，柄上有一面菩萨像，根部铭“隆”“年”二字。铃身喇叭形口，自顶向下依次饰莲瓣梵文带、联珠纹、金刚杵纹带及兽面璎珞纹间以莲花、法轮、金刚杵、火焰等纹饰。口缘饰一周金刚杵纹带。锥形铃舌。

金刚铃是藏传佛教修法时所用的法器，金刚铃代表佛之智慧，振摇铃所发之声是为警觉诸尊、督励众生。

真武铜坐像

明（1368—1644 年）
高 91、宽 61 厘米

呈坐姿。面庞饱满，眼窝深陷，双耳长垂，髯须垂胸，披发过肩。身着长袍，肩搭帔帛，胸前带饰，双肩、腹部、双膝浮雕云龙纹。右手抚膝，左手玄天诀，跣足。底座与脚下的龟蛇缺失。

真武大帝又名“玄天上帝”或“北帝”，负责统管北方之神，同时又为水神，统帅一切水族。明代的真武已被人格化，其形象多为披发黑衣仗剑，足踏龟蛇，官方曾大力提倡信仰真武。

嘉靖四十二年永泰禅寺周公及桃花女铜立像

明（1368—1644 年）
周公铜像：通高 142、座宽 47 厘米
桃花女铜像：通高 141.5、座宽 45 厘米

周公头戴插簪官帽，两耳下垂，双目微启，面貌庄严而安详。帽正中饰“王”字，两边饰卷云纹，下饰梅花纹。身穿宽袖长袍，身披飘带，颈戴长寿项链，双手套在袖中抱着笏板，立于方座上。袍襟前佩盘肠结，袍带饰黻纹。袖部刻四行楷书铭文“大明国广东广州府番禺县状元 泰通二坊信士谭一凤、花启芳、袁标、周良贤、冯大治仝造”“金童玉女二员 共铜四伯五十斤送于永泰禅寺”“真武殿前永远崇奉”“加（嘉）靖癸亥年九月初九日造”。

桃花女头戴凤冠，两耳下垂，双目微启，面容清秀安详。身穿连帔衣裙，身披飘带，双手捧一方大印，立于方座上。帔饰卷云纹，裙饰蝴蝶结，袍带饰黻纹。袖部刻有楷书铭文“信士谭一凤、花启芳、袁标、周良贤、冯大治仝造”。

根据戏剧故事，周公和桃花女是侍奉真武大帝的金童玉女下凡转世，二者故事在民间流传甚广。此周公与桃花女为一对造像，由信士谭一凤等人铸造供奉于广州永泰禅寺。永泰禅寺建于明成化年间，原址位于今广州市越秀区陈树人纪念馆附近，但随着历史社会变迁已不复存在。这对周公及桃花女像则成为该寺历史和民间供奉真武大帝习俗的重要见证。

周公铜像局部

大明国廣東廣州府番禺縣狀元泰通二坊信士譚鳳
金童玉女二真共銅四佰五十斤送于永泰禪寺
真武殿前永遠崇奉
加靖癸亥年九月初九日造

信士譚一鳳

信士譚鳳
袁標
周良寶

其他

铜错金银镶松石带钩

战国（公元前475—前221年）
长20、宽3厘米

外轮廓近琵琶形。兽头形钩首。钩身镶嵌绿松石，饰错金银菱形几何纹，其中长线条错银，圆点错金。圆形钩钮。

带钩用于系结束腰的革带，琵琶形带钩战国时期已经广泛流行，钩钮较靠近钩尾，汉代的琵琶形钩，钩钮上移至钩身的中部或者接近中部，制作工艺较战国时期略为逊色。

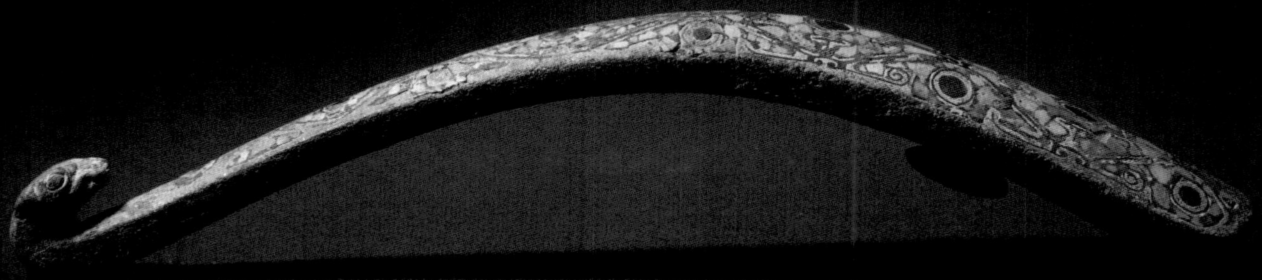

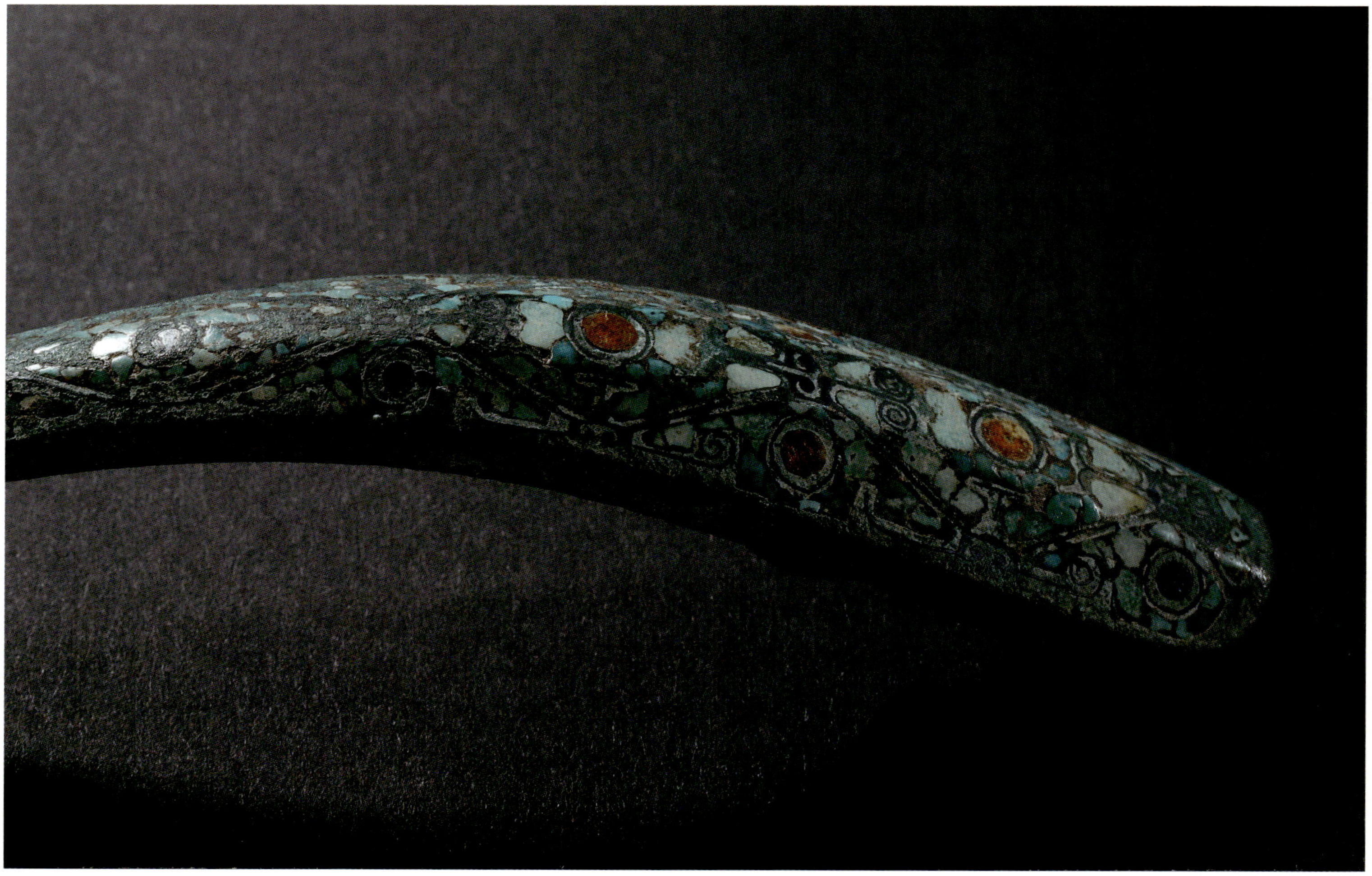

铜错金银镶松石带钩局部

铜鎏金云纹軎辖

战国（公元前 475—前 221 年）
高 8.5、外端径 4、内端径 7 厘米

两件。軎身鎏金，饰卷云纹，内端饰菱形纹。长方形辖孔内贯辖，辖端呈虎形。

軎是古代车具，套入轴的末端，用来保护轴头。軎的内端有键孔，辖贯入其中，以固定毂使其不会掉落。

兽首形铜盖弓帽

汉（公元前 206—220 年）
长 10、銎径 1.4 厘米

两件。顶端棘爪部分呈“C”字形兽首形象，帽銎为空心圆锥形。

汉代的车饰复杂，实用性与装饰性兼备。为避雨遮阳，车舆的中间一般插有伞盖，以竹弓作为骨架，弓端套有盖弓帽，盖弓帽突出的棘爪可用来钩住伞盖的缯帛。

铜人首柱形器

战国（公元前475—前221年）
长55、头宽13、肩宽11厘米

人首形柱头，头顶部浑圆，面上大下小，目圆且围以毛发纹，鼻中间有脊，口张露齿，片状耳。肩平，躯干为四棱柱形，由上而下渐收，中空，内有范泥。通体无插孔。

人首柱形器只在岭南地区发现，其他地区暂时未见，其功用一直存在争议，有车饰、仪仗器、俑类陪葬器、棺架柱头饰等多种说法。

由盖和炉身两部分组成。呈圆角正方形。盖装饰镂空毬路纹。炉身直口，鼓腹，腹下部内收，平底，口沿下方对置两钉状钮串着提梁。器底圆框内有篆书刻铭“张鸣岐制”。该手炉胎体轻薄，色泽温润。

张鸣岐，浙江嘉兴人，明代制炉名家。他制作的手炉工艺精湛，被誉为“张炉”，为世人所爱，与金陵濮澄的竹刻、嘉兴姜千里的螺钿、宜兴时大彬的紫砂壶齐名。

至元十五年南雄州路总管府铜印

元（1271—1368年）
印长8.2、印宽8.2、钮长5.3厘米

正方形印面，胎体厚重，扁柱形印钮。印文为八思巴文，分三列，每列三字，为“南雄州路总管府之印”。印章背面左右两侧各镌刻一行汉字，分别为“南雄州路总管府之印”“至元十五年七月 日造”。

元代使用“至元”年号的两个皇帝分别为元世祖忽必烈和元惠宗妥懽帖睦尔，但后者“至元”年号只用了六年。南雄于宋至元初设州，至元十五年（1278年）改为路。故此印应为忽必烈时期器物。

乾隆二十二年广州厢红旗满洲佐领图记铜印

清（1644—1911 年）
印长 8.5、印宽 5.5、钮长 9、钮径 2.2 厘米

印面呈长方形，印钮呈圆柱形。印面以满文、汉文篆体刻“广州厢红旗满洲佐领图记”，两侧边墙刻“乾隆二十二年三月日”“乾字一万一千九百八十六号”，印背以满文、汉文楷体刻“广州厢红旗满洲佐领图记 礼部造”。

佐领为八旗制度军政基层组织的编制单位及主官名称，满语称“牛录”和“牛录章京”，入关后改汉语“佐领”，正四品，掌管户口、田宅、兵籍、诉讼等。

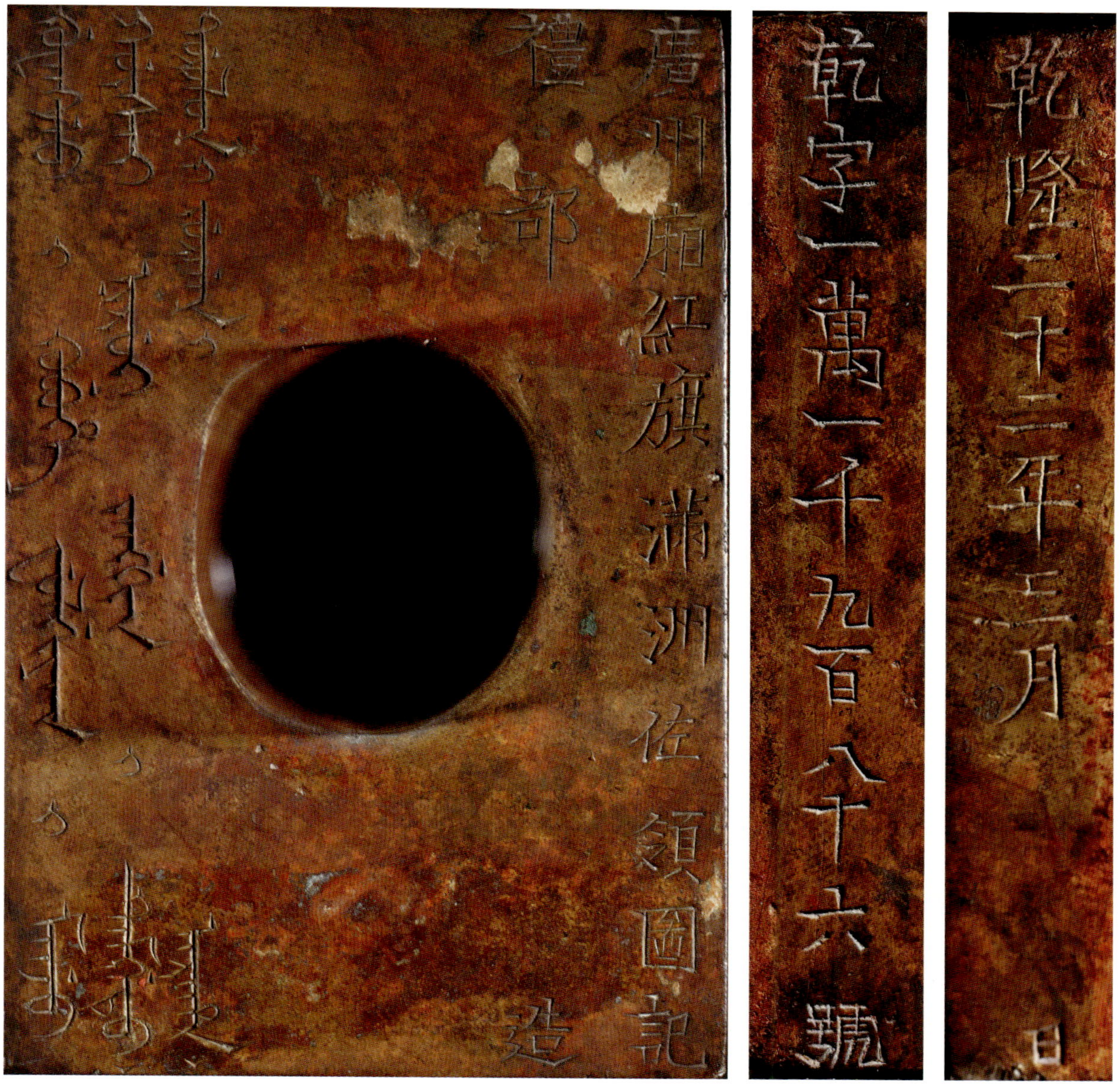
廣州廂紅旗滿洲佐領圖記
禮部造
乾字一萬一千九百八十六號
乾隆二十三年三月 日

大德二年铜权

元（1271—1368年）
高10.5、底径4.6厘米

方环钮，斜肩，圆腹渐收，五阶喇叭形底座。实心范铸，胎体厚重。正、背面分别有阴文楷书铭“大德二年”“官六同”。“大德”为元代第二位皇帝成宗铁穆耳的年号，“官六同”或为该铜权的督造官。

铜权多带铭文，内容有纪年、铸造地、匠人、量名、校验标字等。元代疆域广阔，1261年元世祖“颁斗斛权衡”，1276年再定度量衡，建立统一的度量衡制度。中央户部制定并颁布铜权标准，各地官府借用样本铸造铜权，校勘合格方能投入使用，彰显元代官方铸造铜权的严格规范。元铸权数量多，铜权存世量较大，亦能体现元代商业的繁荣面貌。

永乐十一年应天府小铜权

明（1368—1644 年）
高 4.7、底径 2.2 厘米

上大下小梯形钮，内有圆形穿，扩肩，肩有凹棱，腹斜下收呈锥形，六棱形底座，上有三阶，六棱形平底。胎体轻薄。腹正面刻“永乐十一年”，背面铭“应天府”。此权虽小，但铭有年号、铸造地，是研究明代度量衡体系的重要物证。

粤海关铸造收税壹佰两铜砝码

清（1644—1911年）
高5.5、面径8.8、底径9厘米，重3700克
1991年广东省海康县（现雷州市）出土

呈鼓形，铸有铭文“粤海关铸造收税壹佰两砝码承造官代办库大使事叶滋钧照行”。砝码重达“壹佰两”，是迄今发现唯一的粤海关铸造砝码，也是存世罕见的大额砝码。这种大额砝码应是称量大额银两所用，可以佐证清代对外贸易额之巨大，景象之繁荣，是见证清代中外海上贸易的重要文化遗产。

粤海关设立于清康熙二十四年（1685年），在广东沿海设通关的七个总口，各总口管辖为数不等的小口。粤海关地位十分重要，专设监督，由皇帝从内务府旗人中钦派，以确保皇室对税收的直接掌控，其不仅垄断了中西贸易的收税大权，且是清政府管理洋人贸易及活动的最重要机构。粤海关是中国最早的现代意义上的“海关”之一，也是最重要的海关，一度成为中国海关的代名词。

光绪十二年广东布政司校准叁拾两束腰形铜包铁砝码

清（1644—1911 年）
长 8、腰宽 4、厚 4.2 厘米，重 1124 克

呈元宝形，束腰，一面錾刻“广东布政司光绪十弍年五月二十日校准子法码”，另一面双钩錾刻“叁拾两”。砝码重1124克，按自铭“叁拾两”折算，每两合37.4克，每斤合598.4克，与清制基本吻合。

明初撤销了行中书省，改设承宣布政司，简称布政司。广东布政司是一省最高行政机构，掌管民政、财政。该砝码为官府校准砝码，是研究清代的权衡制度以及清代经济、社会政治的宝贵资料。

廣東布政司
光緒十八年五月二十日

钱币

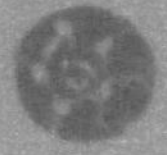

铁币

安阳之法化刀币

春秋中期—战国早期（公元前 523—前 386 年）
长 18.7、宽 2.8 厘米

刀身呈弧形，边缘隆起，背部边缘在刀身与柄连接处中断，直柄，柄端有环。刀身正面铭“安阳之法化”；背面锈蚀，隐约可见上部铸有三条横线，中部有“十”字形（或◆形）符号，下部铭文模糊不辨。刀柄正背面均铸有两条竖线。

齐刀，是齐国所铸刀币。齐国有姜齐和田齐两个时期，“安阳之法化”刀币属姜齐刀，是齐国伐莒国后，在其都城安阳铸造的刀币。

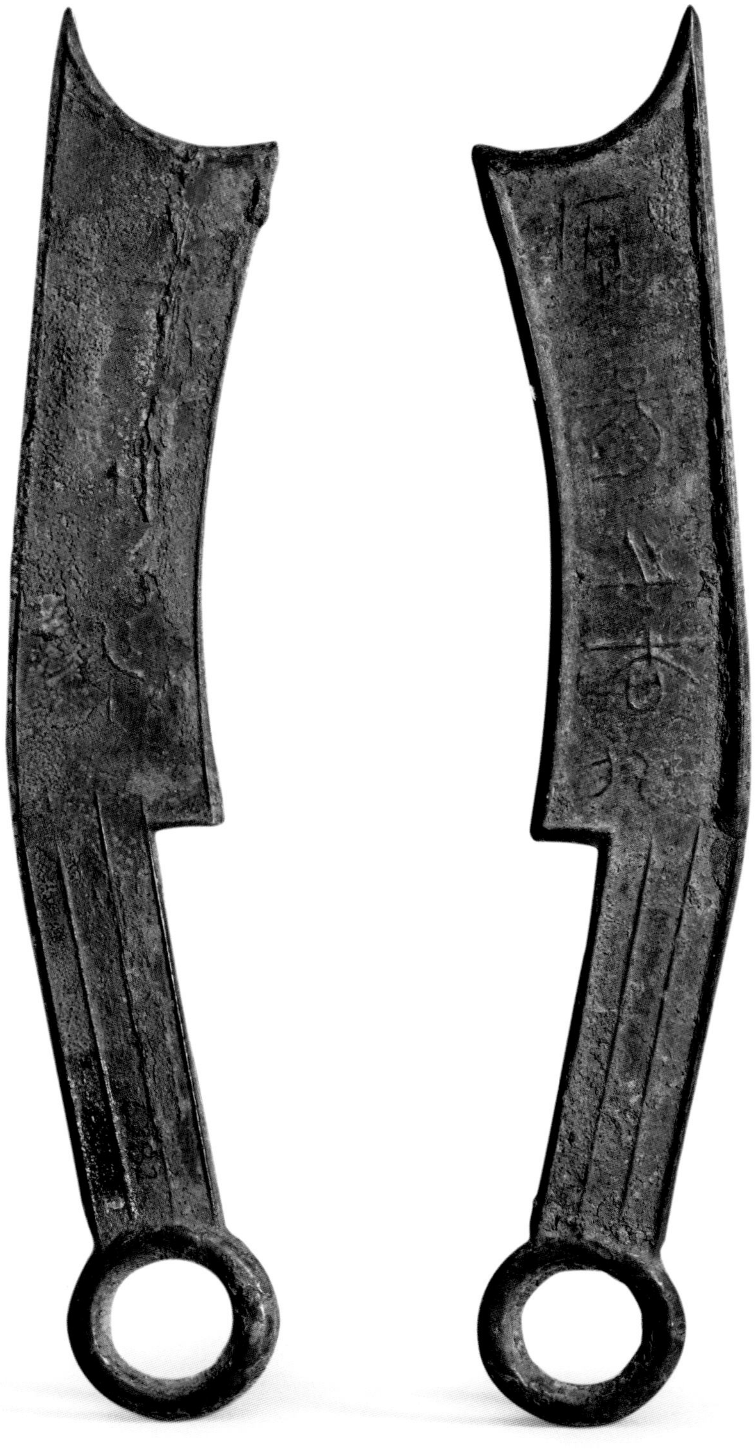

平肩弧足空首布币

战国（公元前 475—前 221 年）
长 7.7、宽 4.6 厘米
梁养吾捐赠

铲形币。銎首中空呈楔形，钱身轻薄近方形，平肩，弧足，足尖稍外撇，周边有郭。首部面、背各有一不规则穿孔，被泥范封住。钱身面、背各有三道纹，中间一道竖纹，两侧各一道斜纹，由上至下呈放射状。

空首布是春秋战国时期的铜铸币。空首布有平肩弧足、斜肩弧足和耸肩尖足三种。平肩空首布在春秋早期至战国中期行用于周王畿，即今河南洛阳地区。

甘丹尖足布币

战国（公元前 475—前 221 年）
长 8.4、宽 4.5 厘米

平首，耸肩，弧裆，尖足，边有郭。正面首部饰两道竖纹，身部中间有竖纹一道，左侧有“甘丹”二字铭文。背面首部中间有一道竖纹，身部有一道横纹，两侧各有一道竖纹。

尖足平首布为战国早中期青铜铸币，铸行于赵国，流通于燕国、中山、三晋地区，属于大型布。“甘丹”即邯郸，赵国国都。

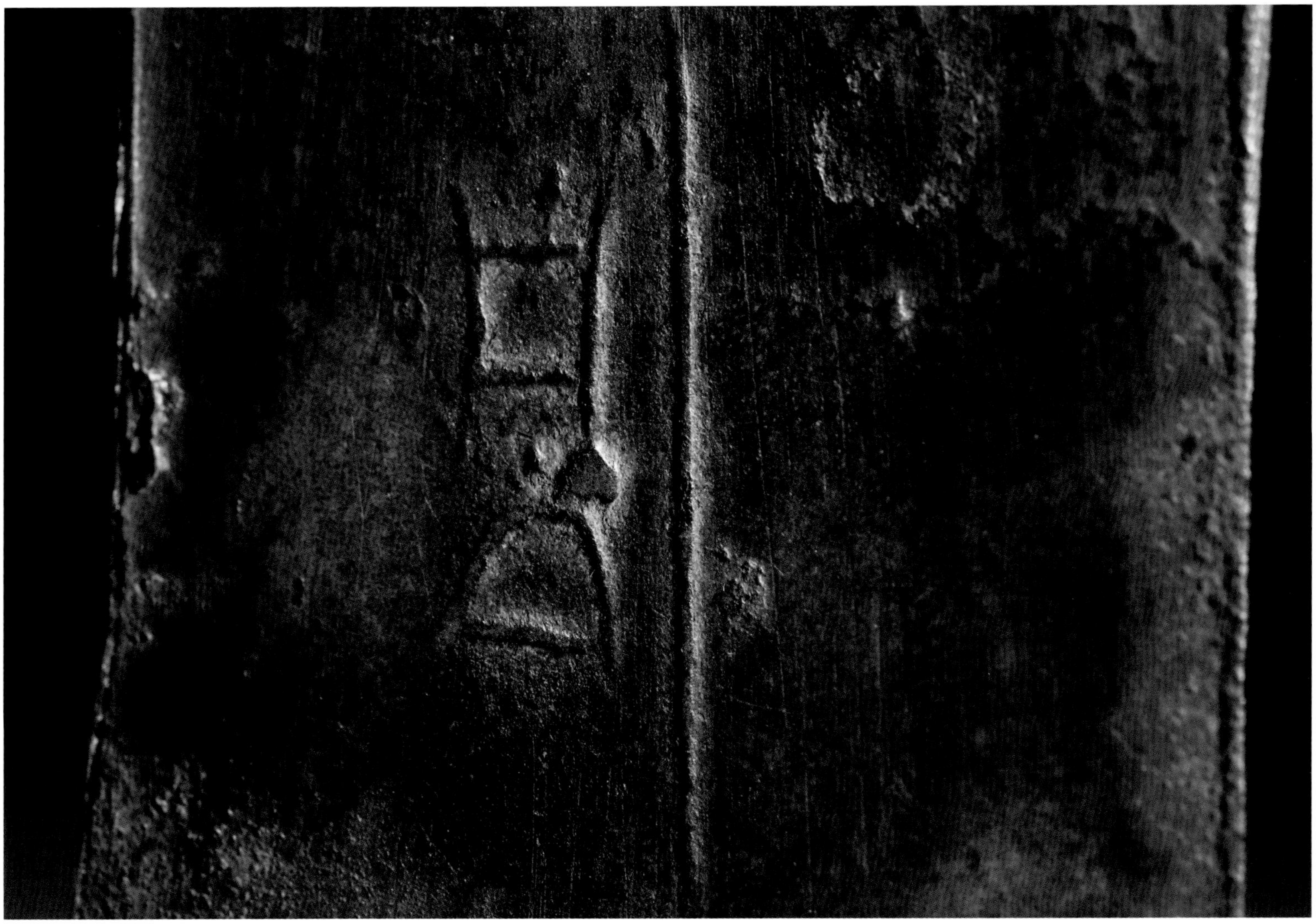

涅金异形平首方足布币

战国（公元前475—前221年）
长6.9、宽4.5厘米

平首，平肩，平裆，方足，首部左右两角伸出呈锐角状，周边有郭。面部正中央有一道竖线，竖线两侧铭文“涅金”。

此类钱币铸行于战国早中期的韩国，流通于三晋、两周地区，因首部两角伸出而得名。“涅金”是“庐氏涅金”的简称，亦释为“金涅”，是金属货币之意。

济阴圜钱

战国（公元前475—前221年）
直径4厘米

圆形，圆孔。面文“济阴”二字。背平夷。“济阴”，又释为“襄阴”“毕阴”，地名，在今山西省荣河镇境，战国时期属魏国。此币为战国中晚期青铜铸币，铸行于魏国，流通于三晋、两周地区，属罕见币。

圜钱最早产生于魏国。因其大小适中，便于携带，很快即在其他各国流行。

郢爰金币

战国（公元前 475—前 221 年）
长 2.9、宽 1.8 厘米

略呈长方形，两条长边向一侧倾斜，有两枚“郢爰”（或释为“郢爯”）戳记。

春秋战国时期，楚国黄金称量货币称为“金版”，一般多为不规则曲版状或圆饼状。金版上多钤有“郢爰”“陈爰”“专爰”等印记，“郢”“陈”等为铸造地名。金版上印记数量不等，有的多达50余枚，出土时多为切割过的小块。“郢爰”是楚国金版中出土最多的一种。

两甾钱

战国（公元前 475—前 221 年）
直径 3.1 厘米

圆形，方孔，周边有郭，面文“两甾”。此为战国晚期秦国铸币。甾，同锱。《说文·金部》：“锱，六铢也。”两甾即十二铢，也就是半两。

一刀平五千错金铜刀币

新莽（公元 9—23 年）
长 7.5、宽 2.8 厘米

由圆形方孔钱与钱刀组成，穿上下错金篆书“一刀”，钱刀部分阳铸“平五千”。此钱为王莽时期青铜错金铸币。

王莽自居摄二年至地皇四年（公元7—23年）实行了多次币制改革。此钱以一枚当五千五铢钱，与契刀五百、大泉五十和五铢钱同为王莽新朝居摄二年第一次改革时行用。始建国元年（公元9年），王莽正式代汉，实行第二次币制改革，错刀、契刀、五铢钱均被废止。

五铢钱范

西汉（公元前206—公元25年）
高3.4、长32、宽7.6厘米

铜质。呈短柄长方形。直流分铸法浇铸。短柄处为浇道，流槽较粗。主浇道两侧各九枚钱模两两对称，每枚钱模以阴文铸篆书“五铢”，当为正面钱范。范下有两横梁。

建中通宝铜钱

唐（618—907 年）
直径 2.1 厘米

圆形，方孔，钱体轻薄，铸工较粗，面文隶书“建中通宝”，旋读。光背。“建中通宝”为唐德宗建中年间（780—783年）由安西都护府在安西（今新疆库车一带）铸行的钱币，存世稀少。

乾亨重宝铅钱

南汉（917—971 年）
直径 2.6 厘米

圆形，方孔，外郭较宽，做工较粗糙。面文隶书“乾亨重宝”，对读，“乾”写作“𠃵”。背穿上有“邑”字。

南汉国为刘龑于917年所建，定都番禺（今广东广州），971年为北宋所灭。南汉铸有“乾亨通宝”“乾亨重宝”货币。其中“乾亨重宝”有铜、铅两种质地。铜钱较少见，铅钱较常见，版别也较多。背文有“邑”和“邕”两种，“邑”被解读为“邕”的省略写法，为邕州（今广西南宁）所铸。

大观通宝铜钱

北宋（960—1127 年）
直径 4 厘米

圆形，方孔，郭细，面文瘦金体楷书“大观通宝”，对读。光背。“大观通宝”铜钱于宋徽宗大观年间（1107—1110年）铸行，有小平、折二、折三、折五、折十等五种币值，此钱径4厘米，为折十钱。

淳熙元宝铜钱

南宋（1127—1279 年）
直径 2.9 厘米

圆形，方孔，阔郭阔淳，面文“淳熙元宝”，旋读。背“泉”。“淳熙元宝”为南宋淳熙年间（1174—1189年）铸行的钱币，有铜、铁两种材质，铜币有小平、折二、折三等三种币值，有楷、隶、篆三种书体。此币为折二钱。

贞祐通宝铜钱

金（1115—1234 年）
直径 2.4 厘米

圆形，方孔，面文楷书“贞祐通宝”，对读。光背。“贞祐通宝”铸于金宣宗贞祐年间（1213—1217年），有小平、折二、折三等三种币值，制作精美，铸额少，存世极罕。

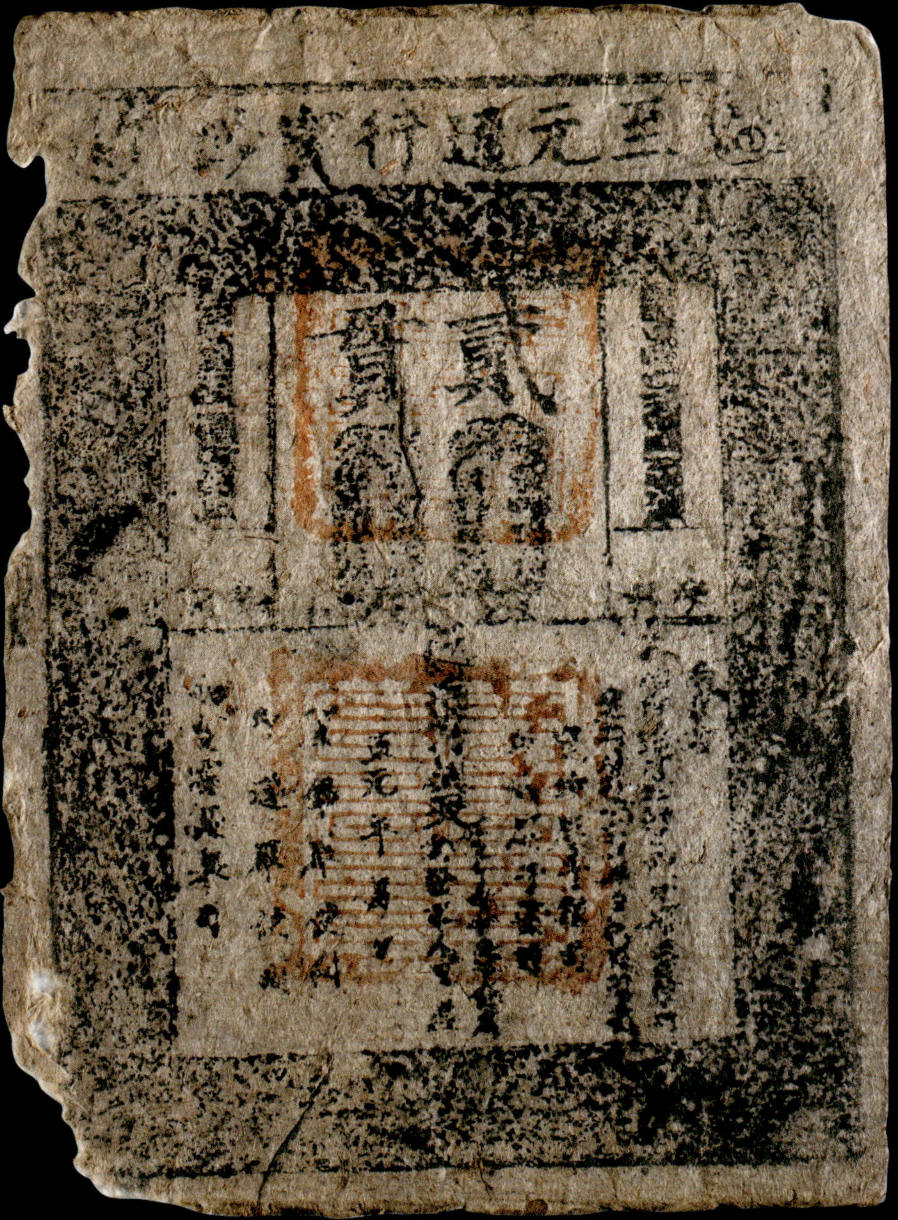

至元通行宝钞贰贯

元（1271—1368 年）
纵 30.5、横 21.5 厘米
青海省格尔木市出土

纸质，长方形。钞面上方正中横书“至元通行宝钞”，下方饰以缠枝花图案界栏。界栏内上半部正中为面额“贰贯”，面额下饰象征钞值的铜钱图案。面额两侧为八思巴文竖书的“至元宝钞”“诸路通行”，下方分别书“字号”“字料”。界栏内下部文字为“尚书省，奏准印造至元宝钞宣课差发内并行收受不限年月诸路通行，宝钞库子攒司，印造库子攒司，伪造者处死，首告者赏银伍定，仍给犯人家产，至元 年 月 日，宝钞库使副，印造库使副，尚书省提举司”。钞面上下各钤八思巴文朱文官印一方，上方印文“提举诸路通行宝钞印”，下方印文“宝钞总库之印”。钞背上部钤红色印章，印文为八思巴文“印造宝钞库印”，下部黑色戳记，内有“贰贯”和铜钱图案。

代基本货币，发行量大，流通范围广。元代共发行了中统元宝交钞、至元通行宝钞、至大银钞、至正交
。至元通行宝钞发行于至元二十四年（1287年）三月，流通时间超过60年。其面额共十一等，与中统元
一贯当中统钞五贯。《至元宝钞通行条例》是世界上最早、最完备的币制条例。《条例》规定禁止民间
论官府税收还是民间贸易均必须使用纸币，严控纸币发行数额，制定发行准备金制度，严惩制造伪钞犯

天启通宝铜钱

元末期
直径2.3厘米

圆形，方孔，面文“天启通宝”，对读。光背。元末农民起义军徐寿辉政权于元至正十八年（1358年）改元天启，铸“天启通宝”。有小平、折二、折三等三种币值，楷、篆两种书体。“启”字的“户”部“点”写成“横画”，与左边“撇”相连成“戶”，与明代天启通宝相区别。存世较少。

洪武大明通行宝钞壹贯

明（1368—1644 年）
纵 34、横 22.2 厘米
涂祝颜捐赠

纸质，长方形。钞面上部横题“大明通行宝钞”，下饰龙纹界栏。界栏内上半部中间有“壹贯”二字及十串铜钱图样，两边篆书“大明宝钞”“天下通行”；下半部为“户部奏准印造，大明宝钞与铜钱通行使用，伪造者斩，告捕者赏银贰伯伍拾两，仍给犯人财产，洪武 年 月 日”。正面有两方印，分别为“大明宝钞之印”和“宝钞提举司印”。钞背上方有“印造宝钞局印”朱文印一方，下方有黑色元宝纹花栏，内有“壹贯”二字及钱贯图样。

明代初年大力推行钞法，建立了以钞为主、钱为辅的货币流通制度。“大明通行宝钞”于洪武八年（1375年）开始发行，版面印制精美，是明代唯一一种纸币。

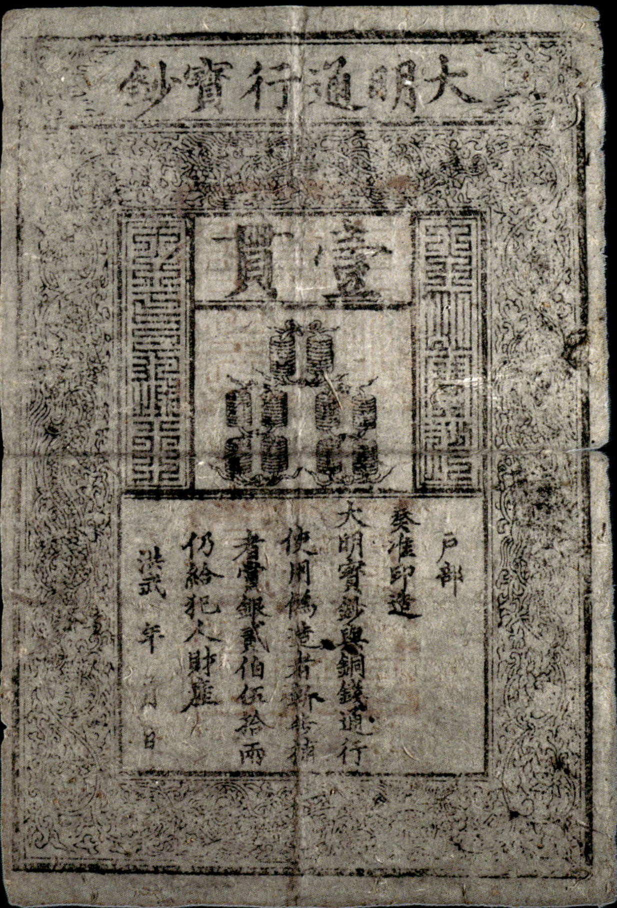

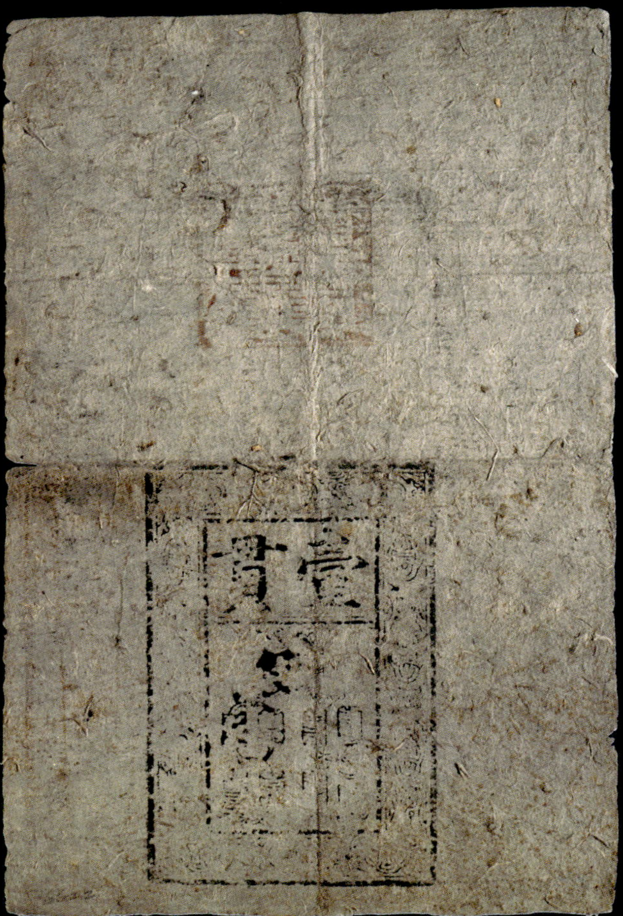

五十八年乾隆宝藏银币

清（1644—1911 年）
直径 3 厘米
李伟先捐赠

圆形，中央有方框未穿孔。面文“乾隆宝藏”，对读，字间饰如意纹，弦圈、珠圈各一周，珠圈间铸“五十八年”，旋读。背面藏文与正面汉文相对应，纹饰相同。

我国最早铸造银元的是西藏。清乾隆五十八年（1793年），西藏地方铸币机构按中央政府旨意，铸造藏汉文对应的薄片银币，有五十八年、五十九年和六十年三种。乾隆、嘉庆、道光各朝均铸造过银元，但都不是机铸币，称为“宝藏银币”。

祺祥重宝铜钱

清（1644—1911 年）
直径 3.3 厘米

圆形，方孔，内外郭具备，面文楷书“祺祥重宝”，对读。背汉文“当十”，满文“宝源”。此为清代穆宗祺祥时期（1861年）铸制的货币。

咸丰皇帝死后，其子载淳继位，年号为“祺祥”。不久，西太后发动政变，废除“祺祥”，改年号为“同治”。祺祥时期仅69天，发行了少量通宝、重宝钱。重宝钱为当十大钱，背文仅有“宝泉”“宝源”“宝巩”三种，非常稀有。

广东省造光绪元宝每百枚换一圆铜币

清（1644—1911 年）
直径 2.8 厘米
李伟先捐赠

圆形。正面正中为满文“宝广”，外铸“光绪元宝”，对读，外环珠圈一周，上缘正中铸“广东省造”，边缘两侧各有花星一枚，下缘为纪值文字“每百枚换一圆”。背面中央饰飞龙图案，珠圈外上缘铸“KWANG-TUNG”，外缘两侧饰花星，下缘铸“TEN CASH”。此类铜币铸造于光绪二十六年至三十一年（1900—1905年）。

广东钱局于光绪十五年（1889年）始铸库平一钱的光绪通宝制钱，光绪二十六年仿香港铜仙造“每百枚换一圆”光绪元宝铜元，俗称“铜板”，广东称为“铜仙”，是我国最早铸造和使用的铜元。铜元样式新颖，铸造精良，标明与银元或制钱的固定比值，深受商民喜爱。铸造速度和品质大大提高，且不易伪造、私铸。“每百枚换一圆”光绪元宝背面英文币值有“ONE CENT”“TEN CASH”两种版式，“TEN CASH”较罕见。

广东省造光绪元宝每元当制钱十文铜币

清（1644—1911 年）
直径 2.8 厘米
李伟光捐赠

圆形。正面正中为满文“宝广”，外铸“光绪元宝”，对读，外环珠圈一周，上缘正中为“广东省造”，边缘两侧各有花星一枚，下缘为纪值文字“每元当制钱十文”。背面中央饰飞龙图案，珠圈外上缘铸“KWANG-TUNG”，外缘两侧饰花星，下缘为币值“ONE CENT”。此类铜币铸造于光绪三十年至三十二年（1904—1906年）。

广东钱局于光绪三十年铸造正面镌“光绪元宝每元当制钱十文”的铜币，背面英文币值有“TEN CASH”“ONE CENT”两种版式，“ONE CENT”较为罕见。

安徽省造光绪元宝每元当制钱十文铜币

清（1644—1911 年）
直径 2.8 厘米
李伟先捐赠

圆形。正面正中为满文“宝安”，满文粗壮，距离近，外铸“光绪元宝”四字，对读，外环珠圈一周，上缘正中铸“安徽省造”，边缘两侧各有花星一枚，下缘为纪值文字“每元当制钱十文”。背面中央饰坐龙图案，珠圈外上缘铸“AN-HWEI”，“A”倒写，边缘两侧各三枚花星，下缘铸“ONE SEN”。此类铜币铸造于光绪二十八年至三十二年（1902—1906年）。

光绪二十八年，安徽省设置铜元局，铸造机制铜币，光绪三十三年停机，有“光绪元宝”“大清铜币”两种。宣统元年（1909年）又开机铸造“己酉”纪年的“大清铜币”，并利用旧机铸了一定量的“光绪元宝”，不久后停铸。

宣统三年五文大清铜币

清（1644—1911年）
直径2.6厘米
李伟先捐赠

圆形。正面中间铸币值“五文”，上缘为“宣统三年”，边缘两侧各有花星一枚，下缘有纪值文字“二百枚换银币一圆”。背面中央饰珠圈飞龙，珠圈外铸“大清铜币”，对读。此铜币于清宣统三年（1911年）铸造，为试铸币，未发行。

光绪十年吉林机器官局监制厂平壹两银币

清（1644—1911 年）
直径 4 厘米
李伟先捐赠

圆形。正面中央方框内铸币值“厂平壹两”，周围铸满文及云气纹，边缘饰珠圈。背面中央框内铸“光绪十年吉林机器官局监制”，两侧饰龙纹，上方铸“寿”字，边缘饰珠圈。

我国最早铸造机制银币的是吉林省。光绪七年（1881年），清廷在吉林府（今吉林省吉林市）设立吉林机器官局。因吉林市在明清时期被俗称为“船厂”，故银币以“厂平”纪值。光绪二十四年（1898年）吉林成立永衡官银局，吉林机器官局改建银元局，始造光绪元宝银元。

广东省造光绪元宝库平七钱三分银币

清（1644—1911 年）
直径 3.9 厘米
李伟先捐赠

圆形。正面中心铸“光绪元宝”，对读，满汉文对照，珠圈外上缘铸英文“KWANG-TUNG PROVINCE”，两侧饰花星，下缘铸币值“7 MACE AND 3 CANDAREENS”。背面中央饰蟠龙纹图案，上缘铸“广东省造”，下缘铸“库平七钱三分”。因其英文在币正面，与以后各地通用的版制不同，故称“七三反版”，存世极少。

清光绪十五年（1889年）广东钱局铸造库平一钱的制钱，并于同年铸七钱三分的银元一套五种（七钱三分、三钱六分五厘、一钱四分六厘、七分三厘、三分六厘五）。通常七钱二分为一元，而此币以七钱三分为一元。其略重的目的在于让民众愿意使用，以驱逐外币，但被民间收藏或熔毁以牟利，两广总督张之洞于次年停铸此版。

广东省造光绪元宝库平三钱六分五厘银币

清（1644—1911 年）
直径 3.9 厘米
李伟先捐赠

圆形。正面中心铸“光绪元宝”，对读，满汉文对照。珠圈外上缘铸英文“KWANG-TUNG PROVINCE”，两侧饰花星，下缘铸币值“3 MACE AND 6 1/2 CANDAREENS”。背面中央饰蟠龙纹图案，上缘铸“广东省造”，下缘铸“库平三钱六分五厘”。此币属“七三反版”系列。

广东省造光绪元宝库平七钱二分银币

清（1644—1911 年）
直径 3.9 厘米
李伟先捐赠

圆形。正面中心为“光绪元宝”四字，对读，满汉文对照，外饰两周珠圈，两周珠圈之间上缘铸“广东省造”，下缘铸“库平七钱二分”字样。背面中心饰蟠龙纹，上缘铸英文“KWANG-TUNG PROVINCE”，两侧饰星花，下缘英文“7 MACE AND 2 CANDAREENS”，边缘饰一周珠圈。

清光绪十六年（1890年），广东钱局在经过“七三反版”“七二反版”的试铸后，使用机器铸制光绪元宝库平七钱二分银币，这是中国铸制的第一套正式流通的机制银币。这套银币有库平七钱二分、三钱六分、一钱四分四厘、七分二厘、三分六厘共五等币值。成色上，七钱二分配九成足银，其他币值相应略减。

广东省造光绪元宝库平重壹两银币

清（1644—1911 年）
直径 4.1 厘米
李伟先捐赠

圆形。正面中央铸“光绪元宝”，对读，满汉文对应，外饰珠圈，上缘正中铸“广东省造”，两侧有蝙蝠纹，下方铸“库平重壹两”。背面中央铸“寿”字，珠圈外饰双龙戏珠图案。此币为广东造币厂铸造，具体铸行年代未见史料记载。有观点认为此币系光绪三十一年（1905年）为慈禧七十寿辰铸造，也有认为是光绪三十年（1904年）左右户部推行一两本位制时试铸的一两银币。存世极少。

北洋光绪元宝库平一两银币

清（1644—1911年）
直径4.3厘米
李伟先捐赠

圆形。正面中央铸“光绪元宝”，对读，外饰珠圈，上缘铸对应满文，两侧铸“北洋”，下方为“库平一两”。背面中间饰坐龙，无珠圈，上缘铸英文“33RD · YEAR OF KUANG HSU”，下缘为“PEI YANG”。

此为北洋银元局于光绪三十三年（1907年）制银币。光绪二十二年（1896年），原天津机器局更名为总理北洋机器局，兼造银币。1900年因义和团运动废止。光绪二十八年（1902年）北洋银元局成立，三十二年（1906年）更名“直隶户部造币北分厂”。因与当时通行的壹圆流通币（库平七钱二分）兑换不方便，北洋库平一两银币未能流通使用，存世极少。

湖南大清银行省平足纹壹两银饼

清（1644—1911 年）
直径 2.8 厘米
李伟先捐赠

圆形。正面中间铸“省平足纹壹两”，外围弦圈两周夹珠圈一周。背面铸“湖南大清银行”，外围饰以弦圈、珠圈。光绪年间，湖南地区交易用银两，官局及银号所铸银饼均采用“省平”或“湘平”字样。一钱至一两的交易，商家使用银饼，少于一钱的用铜元。

湖南阜南官局省平足纹壹两银饼

清（1644—1911 年）
直径 2.5 厘米
李伟先捐赠

半球形，平底。正面中间铸“湖南阜南官局省平足纹壹两”，外围珠圈一周。

光緒十年
吉林機器
官局監製

中华民国共和纪念币壹圆银币

民国时期（1912—1949 年）
直径 3.9 厘米
李伟先捐赠

圆形。正面中央为袁世凯七分脸礼服肖像，币右侧边缘有意大利籍雕刻技师鲁尔治·乔治签名“L. GIORGI”。背面正中铸“壹圆”，左右有交叉嘉禾，下萦结带，珠圈外上缘铸“中华民国共和纪念币”，两侧有四星四角花饰，下缘铸“ONE DOLLAR”。此币于1912年由中华民国财政部天津造币厂铸。

中华民国开国纪念币一角银币

民国时期（1912—1949 年）
直径 1.9 厘米
李伟先捐赠

圆形。正面中央为孙中山五分侧面像，外有弦圈和珠圈，上缘隶书“中华民国”，两侧各有长枝梅花，下缘铸“开国纪念币”。背面中央铸隶书“十枚当一圆”，左右交叉嘉禾，下系结带，弦圈和珠圈外上缘正中有英文“MEMENTO”，下缘英文“BIRTH OF REPUBLIC OF CHINA”。

此币为1914年南京造币厂分厂铸，为中央流通纪念币银辅币。该厂仿照中华民国开国纪念币壹圆形制制模铸造，共铸47200枚。

洪宪元年湖南开国纪念壹角银币

民国时期（1912—1949 年）
直径 2 厘米
李伟先捐赠

圆形。正面中央圆星，周围铸“中华银币”，珠圈外上缘正中铸“洪宪元年”，两侧铭“湖南”，下缘为“开国纪念”。背面正中为“壹角”，周围饰游龙戏珠图案。

1915年8月湖南将军汤芗铭参与袁世凯复辟帝制，设立筹安会湖南分会，并于12月令湖南铜元局铸造洪宪元年湖南中华银币一角，次年发行。1916年3月，袁世凯撤销帝制，废止“洪宪”纪年，洪宪一角遂停铸。

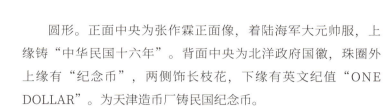

中华民国十六年纪念币壹圆银币

民国时期（1912—1949 年）
直径 3.9 厘米
李伟先捐赠

圆形。正面中央为张作霖正面像，着陆海军大元帅服，上缘铸“中华民国十六年”。背面中央为北洋政府国徽，珠圈外上缘有“纪念币”，两侧饰长枝花，下缘有英文纪值“ONE DOLLAR”。为天津造币厂铸民国纪念币。

1926年12月，奉军、直鲁联军及孙传芳部为阻止北伐组成“安国军”，张作霖任总司令，并于1927年6月18日就职“中华民国陆海军大元帅”，组织军政府，之后命天津造币厂铸张作霖像纪念币。

中华民国二十五年伍分镍币

民国时期（1912—1949 年）
直径 1.9 厘米
李伟先捐赠

镍铜合金质地。圆形。正面为孙中山侧脸肖像，上方铸“中华民国二十五年”，头像下左右两端各轧印一个“平”字。背面正中为“贝丘”方足布，两侧分铭“伍分”。此币仿民国二十五年（1936年）伍分上海版铸造，为民国时期地方辅币。

1936年5月天津修械厂受晋察政务委员会指令，铸造伍分镍币，交由河北省银行在北平、天津地区发行。同年7月财政部部长孔祥熙多方交涉，停止发行。

一九三二年鄂豫皖省苏维埃政府工农银行壹圆银币

1932 年
直径 3.9 厘米
李伟先捐赠

圆形。正面中央铸币值“壹圆”，圈外上缘铸“鄂豫皖省苏维埃政府”，两侧以五角星隔开，下缘为“工农银行一九三二年造”。背面中央铸地球、镰刀、锤子图案，外缘为“全世界无产阶级联合起来啊”口号。此为第二次国内革命战争时期鄂豫皖革命根据地银铸币。

一九三四年中华苏维埃共和国川陕省造币厂造壹圆银币

1934 年
直径 3.9 厘米
李伟先捐赠

圆形。正面中央铸“壹圆”，珠圈外上缘铸“中华苏维埃共和国”，两侧以五角星隔开，下缘“川陕省造币厂造”，“陕”字简写。背面中间为地球、镰刀、锤子图案，镰刀和锤子交互相通，上缘铸“全世界无产阶级联合起来”，下缘铸“一九三四年”。此为第二次国内革命战争时期川陕革命根据地银币，川陕省苏维埃政府工农银行1934年发行。1935年4月，红四方面军撤离川陕革命根据地后，该币停止发行。

中华苏维埃共和国一分铜币

第二次国内革命战争时期（1927—1937 年）
直径 1.8 厘米
李伟先捐赠

圆形。正面中间为镰刀、锤子图案和“1”面值，上缘为“中华苏维埃共和国”。背面正上方有五角星，中央铸“一分”，两侧为嘉禾图案。此为第二次国内革命战争时期中央革命根据地中央造币厂铸铜币，与国家银行银币券同时在中央苏区流通。1934年10月，中华苏维埃共和国国家银行随红军长征，该币遂停止在中央苏区发行与流通。

论文

回望广东铜鼓

广西壮族自治区博物馆研究馆员　蒋廷瑜

1979—1980 年，相关单位对全国馆藏铜鼓做了一次全面调查，得知当时全国各地博物馆所藏古代铜鼓 1400 多面，其中广西 500 多面，为全国第一；广东 222 面，为全国第二。两广馆藏铜鼓相加，占全国馆藏铜鼓数量一半左右。广东铜鼓历史文献丰富，历代正史、野史、笔记小说、地方志书都有记载。广东铜鼓可圈可点，是一笔重要的历史文化遗产。

一、我对广东铜鼓的认识

我自 1979 年 6 月开始接触广东铜鼓，那时我随广西壮族自治区博物馆铜鼓调查组到广州作铜鼓调查。

广东省博物馆藏 126 面铜鼓，绝大部分放在光孝寺里的临时库房，我们逐一作了观察、测量、摄影、记录，有的还作了纹饰拓片。我在这里看到了灵山县绿水村铜鼓、帽岭铜鼓、那昌山铜鼓，以及合浦、钦州出土的铜鼓。1964 年以前，灵山、合浦、钦州尚属广东省，铜鼓出土后由广东省博物馆征集，所以广东省博物馆收藏不少广西出土的铜鼓。

广州博物馆藏铜鼓 54 面，除了在越秀山五层楼展出的以外，绝大部分收藏在广州美术馆和六榕寺的临时库房。我在这里看到了广东唯一一面石寨山型鼓。其他铜鼓中，印象深的是 3-280 号鼓，鼓面有一组一人敲奏四面铜鼓的塑像。在六榕寺还看到了南海神庙铜鼓。这面铜鼓原放在南海神庙，后出于保护考虑，临时把它从南海神庙收回，存于广州博物馆库房。

中山大学考古教研室收藏四面铜鼓，其中有一面鼓鼓面有三蛙一蟹塑像。

我们还前往佛山考察。佛山市博物馆设在祖庙内，其中新 34 号鼓腰间凸棱上铸有“成化十五年”五字铭文。

这是广东馆藏铜鼓给我的第一印象——丰富而多彩。

1996 年 8 月，我出席中国秦汉史国际学术讨论会，又到广州博物馆参观。在展室看到一面陶鼓，1986 年广州市农林下路一座西汉前期墓出土，当时一共出了四面。我第一次见到用陶制作铜鼓模型明器。

2007 年 6 月，我到广东高州出席粤桂考古学术交流会，会议安排考察汉代徐闻海港遗址，有幸参观徐闻县博物馆，在那里看到了社朗仔铜鼓，是知广东也有原始形态的万家坝型鼓。

2009 年 6 月，我出席阳江周亨铜鼓专家论证会，参观了阳春市博物馆，看到三面北流型铜鼓，考察了马水镇蟹地岭大铜鼓出土现场和石菉炼铜遗址。

2018 年 12 月，因“骆越铜鼓文化研究”课题，我专程到雷州半岛考察，观察了湛江市博物馆陈列的十多面铜鼓，在雷州市博物馆见到 2001 年出土的迈熟村铜鼓。在高州市博物馆观察了展出的四面铜鼓，考察了冼太夫人庙展出的铜鼓。在信宜，除了看到展出的铜鼓外，还到文物库房检示了十面铜鼓。

2019 年 3 月，我参与数字化铜鼓课题，又来到广东，先后到湛江、廉江、化州、阳江、阳春考察。在湛江市博物馆再次观察展出的 19 面铜鼓，我们爬进展柜一一观测，意外地发现一面只有胸部以上部位的铜鼓，原定为麻江型，实是西盟型铜鼓；原定为北流型的钦县鼓，实是灵山型铜鼓。在廉江市博物馆陶瓷馆看到四面铜鼓，包括石城镇飞鼠田出土面径 121 厘米的大铜鼓。在化州市博物馆看到五面铜鼓。阳江周亨铜鼓已送到广东海上丝绸之路博物馆，用玻璃罩罩住，旁边放置了一面复制的大铜鼓。到阳春市博物馆又看到那五面铜鼓，包括蟹地大鼓、八甲镇小鼓。

2019 年 7 月，数字化铜鼓课题组又去广东考察，到了广州、佛山、深圳。在广东省博物馆新馆保管部库房看到新近购藏的一面北流型铜鼓，腰部有立马将军塑像；一面冷水冲型鼓，鼓面有鱼塑像。广州博物馆的文物库房迁到象岗山南越王博物馆楼顶，铜鼓都放在金属器库货架上，我们一一查看了灵山型、北流型和冷水冲型铜鼓。在中山大学人类学系博物馆陈列室，仔细观察那面有螃蟹塑像的铜鼓，发现鼓面花纹有的与广西龙州派良西盟早期鼓相似，把它定为西盟型铜鼓。

佛山市博物馆准备赴辽宁大连展览，正在包装，无法全面展示馆藏铜鼓。我和农学坚只挤进库房走道，专门看了新 34 号鼓，观察腰部“成化十五年”铭文。在顺德区博物馆，考察了三面麻江型铜鼓，其中 2 号鼓鼓面有双钩汉字铭文，是道教信徒奉送给宫观的信物。

深圳博物馆有四面铜鼓，都是新入藏的麻江型。在南山博物馆看到三面冷水冲型铜鼓，其中一面鼓鼓面翔鹭作行走状，属冷水冲型早期鼓。

以上就是我历年对广东馆藏铜鼓的全部考察。考察研究表明，广东铜鼓品类齐全，发展脉络清晰，传承有序，造型纹饰丰富多彩，蕴含极高的科学价值、历史价值、艺术价值。

二、广东铜鼓各品类的特色

中国古代铜鼓研究会将我国境内发现的铜鼓分成八大类型，以出土地命名，分别是万家坝型、石寨山型、冷水冲型、遵义型、麻江型、北流型、灵山型和西盟型。以前认为广东没有万家坝型和西盟型，现在看来都有了，八大类型齐全，而且各有特色。

（一）万家坝型

广东的万家坝型铜鼓，是进入 21 世纪后才发现的。2000 年 7 月，徐闻县大黄乡（今城北乡）社朗仔村出土一面铜鼓，鼓体较小，鼓身纹饰粗简。2001 年，徐闻县南山镇迈熟村又出土一面铜鼓（图 1），通高 30.7、面径 38.5、足径 52.3 厘米。鼓沿内敛，平缓过渡至鼓肩，肩胸圆鼓，鼓腰内束，鼓足外扩；鼓面中心太阳纹 16 芒，单弦分晕，晕圈光素；鼓腰间有对称的四耳，胸腰饰直条纹，弧圈以下饰稀疏的垂直叶脉纹，足部环饰水波纹。从形制和纹饰来看，这两面都是典型的万家坝型铜鼓。

图 1　徐闻迈熟村铜鼓

（二）石寨山型

石寨山型铜鼓只有广州博物馆藏一面，这面铜鼓保存完好，通体圆润光滑（图 2）。鼓面中心太阳纹十芒，纹饰以双弦或三弦分晕，主要纹饰有锯齿纹、圆点纹、栉纹。鼓身也以双弦或三弦分晕，胸上部饰栉纹，中部饰竞渡船纹。竞渡船纹形态写实，船头船尾高翘，每船坐四名水手，持桨划船。鼓腰以纵向栉纹带分割成多个素面区间，腰下部饰两晕圆点纹夹两晕锯齿纹带。纹饰精美，做工讲究，是石寨山型铜鼓中的精品。

图 2　广州博物馆藏竞渡船纹鼓

（三）冷水冲型

冷水冲型铜鼓有 14 面以上，但皆不能确定出土地点，是不是广东出土还有待研究。

从现存冷水冲型铜鼓来看，有几面是很引人注目的，如深圳南山博物馆藏的一面，鼓面的翔鹭还没有起飞，呈行走状，是典型的冷水冲型早期铜鼓。

广州博物馆的 3-280 号鼓，鼓面逆时针环列四蛙，每蛙间都有立体装饰，两方为单乘骑，一方为双乘骑，另一方有敲奏铜鼓的塑像。这处塑像塑造了一座长方形的高台，高台上“一”字形并列四面侧置的铜鼓，一人站在鼓前，执槌依次敲奏。此塑像再现了演奏铜鼓场面，十分难得。

（四）遵义型

广东收藏遵义型铜鼓不多，但有的饰异形游旗纹，明显带有从石寨山型向麻江型过渡的特点。

（五）麻江型

麻江型铜鼓有几面值得注意。如广东省博物馆收藏的麻江型游旗纹铜鼓（见本书第 109 页图版），鼓面内铸有四个九叠篆文印章，其文为“楚雄卫山千户所百户印”。据《新纂云南通志》载，楚雄卫始设于明洪武十五年（1382 年），废于清康熙七年（1668 年），其地在云南中部。此鼓可作麻江型早期铜鼓断代的标准器。

图 3　广东省博物馆藏麻江型人字脚游旗纹铜鼓及其局部

又如嘉庆三年麻江型铭文铜鼓（见本书第 110 页图版），鼓胸上部錾刻一周阴文“嘉庆三年王家买同古，丏四千文，米三十斤丏一千五百文。福寿，嘉庆三年戊午年三月十六日王家口口吴长记”。通读文义，应是一件购买铜鼓的记录。嘉庆三年即 1798 年，“同古”，无疑是“铜鼓”二字的别体，“丏”是俗写的“钱”字。它说明王家于 1798 年购买此铜鼓花钱四千文，另米三十斤，而这三十斤米又相当于钱一千五百文。由此可见，18 世纪末，铜鼓已作为商品买卖，价格并不贵，折合米不过一百一十斤，或者钱五千五百文。这对了解当时铜鼓的商品价格和米价很有帮助。

图 4　广东省博物馆藏麻江型雷纹铜鼓及其铭文拓片

再如麻江型人字脚游旗纹铜鼓（图 3），鼓面边沿铸有阳文“革氏要银二十两足”八字。“革氏”疑为铜鼓铸造者，“银二十两”可能是工匠的要价，也可能是定制铜鼓的手工费，铸在鼓上以备忘。这件鼓的铭文与上述“嘉庆三年”铭文鼓对照，也可作为推定铜鼓工价的依据。

更有意思的是麻江型雷纹铜鼓（图 4），在鼓面内壁铸有阳文四句：“古獞百姓，归服罗定，国家清吉，丁卯年造。”“古獞”即古时壮族，罗定是古地名，其地在今广东西部，与广西相邻，是古代壮族聚居的地方。丁卯年在明清两代出现九次，不能确定具体是哪一年。但从铭文可以推测，此为壮族先民铸造和使用的铜鼓。

图 5　佛山新 34 号铜鼓

具有相同意义的是佛山新 34 号鼓（图 5），腰间凸棱上铸有“成化十五年”五字铭文。年款铭文铸在鼓身这是仅见的一例。据《琼州府志》卷四十二“金石”条记载，琼州府（今海南省海口市琼山区）天宁寺藏有一面铜鼓，有铭文“大明成化十二年广州府番禺县客人李福通铸造”，所谓客人就是汉族客家人。证明这时汉族确已参与铜鼓铸造。

（六）北流型

广东省博物馆藏北流型铜鼓主要来自粤西高州、信宜地区，广东是北流型铜鼓的主要分布区。

南海神庙铜鼓，是仅次于广西北流水埇庵铜鼓和上海博物馆藏 6597 号铜鼓的巨型铜鼓，为当时所知世界上第三大铜鼓。

2009 年 4 月 13 日，阳江市阳东区大八镇周亨村发现大铜鼓（图 6）。体形硕大厚重，鼓身高 82 厘米，鼓面直径 142 厘米，鼓面边缘有垂檐，鼓耳为对称的两对圆茎环耳。鼓面有六只青蛙塑像，等距离两两相对，蛙形小而朴实。太阳纹中心圆凸如饼状，有八道光芒向外四射，穿透第一晕圈。纹饰用三弦分晕，鼓面十一晕，晕间饰半圆形云纹、四出钱纹。鼓身饰细密的菱形雷纹和对向半圆形云纹，清晰精美。鼓面内底有调音铲痕。此为典型的北流型铜鼓。就鼓面直径而论，是目前广东省所见铜鼓中最大的一面，比南海神庙鼓（鼓面直径 138 厘米）还要大。就身高而论，目前所见全国大铜鼓中没有

图 6　阳江周亨村大铜鼓鼓面

图 7　廉江市石城镇飞鼠田铜鼓

比它更高者，可以说是第一高铜鼓。

廉江市石城镇飞鼠田狗屎坟岭铜鼓（图7），通高 70、面径 121、足径 121 厘米，也是超大型铜鼓。鼓面中心太阳纹八芒，晕间饰云雷纹。胸腰间有凹弧一圈，两对圆茎实心环耳，饰缠丝纹。鼓身三弦分晕，也饰云雷纹。

阳春市博物馆最大的铜鼓于 1979 年 4 月马水乡蟹地村（今阳春市马水镇）出土，高 70、面径 118 厘米，鼓面三弦分晕，太阳纹中心凸起，像个圆墩，鼓面靠近边缘两晕处有六只青蛙塑像，两两相对。

高州出过面径 110 厘米的大铜鼓，信宜出过面径 107 厘米的大铜鼓。

（七）灵山型

1965 年高州出土的福芳鼓面径为 118 厘米，1988 年广西横县（今横州市）板路乡圭壁出土的一面鼓面径也是 118 厘米，在灵山型大铜鼓中并列第八。

高要鼓原存鼎湖山庆云寺，是灵山型中期铜鼓，高 55、面径 97 厘米。面沿逆时针环立三足蛙六只。鼓面 20 晕，中心太阳纹 10 芒。鼓面和鼓身晕间皆饰四出钱纹、蝉纹、虫形纹、连钱纹、飞鸟纹、鸟形纹、变形羽人纹等。

长山鼓，1982 年廉江市长山出土，是灵山型晚期铜鼓，高 48、面径 81 厘米。面沿逆时针环立三足蛙六只，其中三累蹲蛙与三单蛙相间排列。鼓面 16 晕，中心太阳纹 10 芒。鼓面、鼓身晕间皆饰连钱纹、蝉纹、鸟纹、四出钱纹、四瓣花纹、席纹、虫形纹等。鼓身还饰有怪兽纹。

2009 年 5 月，我在辽宁省博物馆文物库房

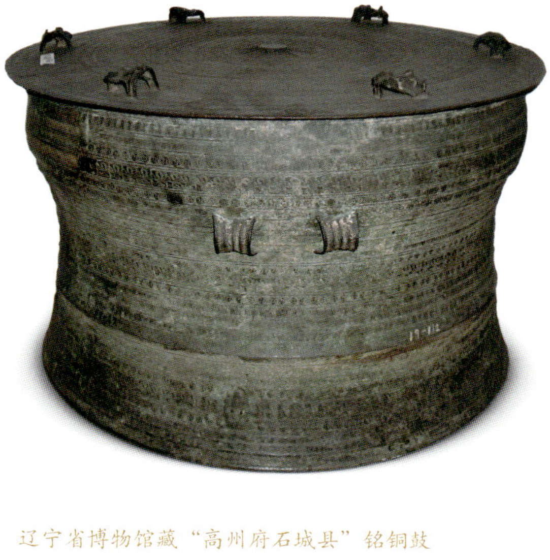

图 8　辽宁省博物馆藏“高州府石城县”铭铜鼓

看到一面灵山型铜鼓（图 8）。鼓面青蛙后足并拢，后腿肌特别发达，起螺旋纹，丰满肥硕。太阳纹十芒，其他晕饰四出钱纹、四瓣花纹、席纹、鸟形纹，是典型的灵山型铜鼓。鼓面有凿刻的点线文字“高州府石城县沐恩信士□重光敬献婆婆案前，大清道光乙未季春吉旦”。清代高州府石城县在今广东省雷州半岛北部，现为廉江市，这面铜鼓在道光十五年（1835 年）或此之前已出土，不知何时流落到了辽宁沈阳。

（八）西盟型

以前认为广东没有西盟型铜鼓，经过考察后，终于找出两面。一面为湛江市博物馆所藏，只有胸部以上部分，鼓面边沿很宽大，大大超出鼓胸。鼓面中心有个大窟窿，不见太阳纹，边沿原有四只青蛙塑像也已失，留下蛙爪痕。有三个主晕，靠内一晕的纹饰是变形羽人纹，较外一晕是变形鸟纹间小鸟纹，最外一晕是变形鸟纹间梭形纹和团花纹，窄晕皆饰栉纹、同心圆圈圆点纹带。因为变形羽人纹有点像游旗纹，原定为麻江型。从整个形态和主要纹饰来看，这面铜鼓与广西龙州县响水派浪铜鼓相像，应属西盟型早期鼓。

另一面是中山大学人类学系博物馆藏169-2 号铜鼓（图 9）。鼓面有三蛙一蟹塑像，青蛙逆时针环列，蟹足高挺，面向鼓心，平面纹饰有三晕主晕，分别饰变形羽人纹、鸟纹和变形翔鹭纹、变形翔鹭纹和定胜纹，其他晕则饰栉纹、复线交叉纹、同心圆圈圆点纹。胸部和腰下部饰栉纹夹双行同心圆纹带。除了稍微短胖外，也与广西龙州县响水派浪铜鼓相似，也是西盟型早期鼓。

图 9　中山大学人类学系博物馆藏 169–2 号铜鼓及鼓面

三、广东历史上的铜鼓铸造

广东境内虽尚未发现青铜时代的铸铜遗址，但在海丰、揭西、珠海、深圳等地，都发现过东周时期铸造青铜斧、钺、鱼钩和铜铃等青铜器的陶范或石范。陶范、石范的发现，证明春秋战国时期广东已有了自己的青铜铸造业。器形简单的生产工具和兵器等多用单面范和双面范，具有复杂形状的容器和乐器用复合范。青铜器铸造方法的浑铸，以及分铸法中的铸接和焊接都已使用，已懂得根据不同器物的不同用途，采取不同的铸造方法铸造青铜器。

广东有丰富铜矿，《汉书·地理志》载，岭南“近处海，多犀、象、毒冒、珠玑、银、铜”。《旧唐书·地理志》载，铜陵县汉属合浦郡，“界内有铜山”。铜陵县汉属合浦郡，原是临允县地，南朝宋时立泷潭县，因“界内有铜山”，隋改为铜陵县。《太平御览》云：“铜山，昔越王赵佗于此铸铜。”唐之铜陵县在今阳春市北部，古城在石望镇。阳春市有东汉时期石菉炼铜遗址和南汉时期铁屎迳铸钱遗址。阳春市马水镇蟹地岭采铜冶炼遗址现在还可采集到铜矿石、炼渣、陶风管残片和水波纹陶片。漠阳河流域丰富的矿产资源孕育着光辉灿烂的铜鼓文化，出土过直径142厘米（周亨村）、118厘米（蟹地村）的大铜鼓。

广州南越王墓出土500多件青铜器，多数属于南越王赵氏宫廷的专用品，由南越国工匠在本地铸造，代表了岭南越人青铜冶铸业的最高技术水平。能铸造通高42、口径31.5厘米的大铜鼎，八件一套的“文帝九年”款句鑃，九件与铜鼓纹饰类似的铜桶，这样的冶炼铸造技术肯定能铸造铜鼓。广州市农林下路西汉前期墓出土四面陶鼓，属石寨山型铜鼓仿制品，其形制与广州博物馆收藏的石寨山型鼓近似，也说明广东在汉代确实曾经铸造过石寨山型铜鼓。

晋人裴渊《广州记》曰：“俚僚铸铜为鼓，鼓唯高大为贵，面阔丈余。”《晋书》记载：“广州夷人，宝贵铜鼓”，将铜钱“铸败作鼓”。《陈书·欧阳頠传》载，梁左卫将军兰钦“南征夷僚，擒陈文彻，所获不可胜计，献大铜鼓，累代所无”。这些大铜鼓应该是当地人铸造的北流型铜鼓。

五代时，南汉铸作的刘张父子铜像，能做到“酷似其人”；兴王府长寿寺（今广州市六榕寺）的铜钟重达1260斤。这样高的冶铸技术，也肯定能铸造铜鼓。宋元以后更不待言。《琼州府志》记载，琼州府天宁寺的铜鼓，铭文标明是番禺县客人铸造的，证明汉族客家人也能铸作铜鼓。明清时期广州还有不少铜鼓铸匠，《广东新语》载：“广州炼铜鼓师不过十余人，其法绝秘，传于子而不传女。”

以上情况表明，汉、晋、南朝、隋、唐、五代、宋、明、清时，广东都能铸造而且确实铸造过铜鼓。

四、广东铜鼓的研究

广东铜鼓的研究有很久远的历史。

南宋方信孺《南海百咏》对南海神庙铜鼓记载颇详。其铜鼓诗序，不仅对广州铜鼓实物作了仔细、生动的描绘，而且还征引了相当丰富的文献资料进行科学分析，对铜鼓的整体历史作了综合性的研究，是铜鼓研究史上最早的具有相当水准的专题论文。

明清时期，南海神庙铜鼓越来越引起人们的注意，出现大量颂扬该铜鼓的诗文。朱彝尊《南海庙二铜鼓图跋》和屈大均《广东新语》“铜鼓”条，对南海神庙铜鼓的来历、形制、色泽、纹饰及使用场合作了几乎完全相同的记载。

20 世纪，民族学家徐松石是研究岭南铜鼓第一人，但他基本上研究广西铜鼓和云南、贵州铜鼓，对广东铜鼓很少涉及。

20 世纪 60 年代，广东学者开始对广东铜鼓进行专门研究。何纪生发表《略述中国古代铜鼓的分布地域》，指出广东铜鼓主要发现于北江以西地区，广东许多山岭、河流和村寨由于出土铜鼓而以“铜鼓”命名。20 世纪 70 年代何纪生发表《北流型铜鼓初探》，认为北流型铜鼓分布于广西东南和广东西部，以广西与广东交界的云开大山两侧的县市为中心，把北流型铜鼓的年代定在东汉至唐初，南朝后期至唐进入历史高峰。徐恒彬《俚人及其铜鼓考》，证明俚人是北流型铜鼓的铸造者和使用者。1982 年杨耀林发表《广东发现的带铭文的铜鼓》，揭示广东省馆藏有 12 面麻江型铜鼓有汉字铭文，包括我们前面提到的广东省博物馆藏的四面铜鼓和佛山市博物馆新 34 号铜鼓，说明这些铜鼓都是明清时代的产品，铜鼓已渐渐失去民族首领权力重器和财富象征的功能，演变成为民间互相买卖和交换的商品。对铜器铭文的研究开辟了铜鼓研究新领域。

1996 年杨晓东发表《粤西出土铜鼓概述》，对湛江、茂名、阳江三市出土铜鼓进行了整理。他指出刘恂《岭表录异》记载唐代高州牧童掘得铜鼓是粤西铜鼓出土的最早记录，摘引了清代以来地方志中的出土铜鼓信息，说明以前出土铜鼓一般放置于寺庙内，也有置于郡库和私人家中的。馆藏铜鼓最多的是北流型，最大的一面是廉江市飞鼠田铜鼓，面径 121 厘米；灵山型铜鼓只出土于化州、廉江和徐闻。他认为粤西铜鼓发展演变路线是从东北向西南延伸的。粤西铜鼓绝大多数鼓面内壁有对称扇形和小方块痕，与音乐有关。

1999 年何纪生、杨耀林、黄道钦发表了《广东古代铜鼓研究》，是对广东铜鼓的全面研究。他们明确指出古代广东也是铸造和使用铜鼓的主要地区之一。从文献记载铜鼓地名和出土铜鼓地点看，广东铜鼓主要分布在北江以西地区，湛江、茂名两市是出土铜鼓最多的地方。广东出土的北流型和灵山型铜鼓，在地域上与广西铜鼓分布区域连成一片，从器形到纹饰，均属同一类型。广东北流型铜鼓年代上限在东汉早期，西晋至南朝达到顶峰，至唐代消失。他们认为铜鼓是由西向东传播的，广西是中国各类型铜鼓的交汇地区，浔江、郁江、邕江、左江以北地区发现甚多冷水冲型和遵义型铜鼓，左江以南则是北流型和灵山型铜鼓的分布地区。广东西部有可能曾经铸造或使用过冷水冲型和遵义型铜鼓。广东出土最多的铜鼓是北流型，分布在北江以西的大部分地区，与广西北流型铜鼓分布地连成一片。灵山型铜鼓，仅在廉江、高州、化州发现少量，与广西灵山型铜鼓分布地区连成一片。就分布地域而言，无论北流型还是灵山型，广东都是东侧边地。铜鼓在由西向东传播时，基本上以北江为界，未能越此继续向东推进。他们论证了俚人是北流型和灵山型铜鼓的铸造者和使用者。古代文献明确记载，俚人铸造和使用铜鼓。唐代以后，乌浒人和俚人与汉人之间加速了民族融合的历史步伐，北流型和灵山型铜鼓失去了社会基础，也就迅速退出了历史舞台。

浅论宋代湖州石家镜

西北大学文化遗产学院教授　尹夏清
西安市文物局　袁宏磊

石家镜是两宋湖州铜镜中的一类，因其镜背铸有“湖州石家”等字样故名。其基本形制与其他同期宋镜无异，特点是背素无纹，铸有阳文商家名号的镜铭。在湖州铜镜体系中，石家镜存世量最多，出现最早，地域分布也最为广泛，相对于其他铭文镜，其流传时间长达一个多世纪，流行范围覆盖两宋疆域各地，形制变化、铭文特点最为丰富，因此在宋代铜镜中占有重要的地位。现就石家镜相关问题谈些粗浅认识。

一、石家镜的分类

笔者通过对全国出土与馆藏的127面石家镜进行分析，可将其大致分为九类。

1. 圆形镜

窄素缘，小钮，钮右侧有镜铭，镜铭较小。该类代表性镜有1962年吉林前郭他虎城出土镜，直径16.5厘米，镜铭为“湖州真石家念二叔照子”（图1）[1]；1996年宁夏固原彭阳出土镜，直径10.5厘米，镜铭为“湖州真石家念二叔照子”（图2）[2]。广东省博物馆藏圆形石家镜，直径15.4厘米，厚0.4厘米，镜铭为“湖州真石家念二叔照子”“炼铜照子每两一百二十文”。

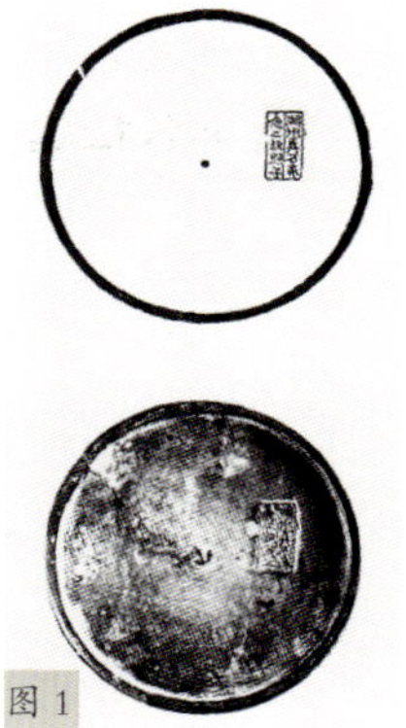
图1

图2

图1　1962年吉林前郭他虎城出土圆形石家镜

图2　1996年宁夏固原彭阳出土圆形石家镜

2. 菱花形镜

圆形，外缘为菱花形，可分两型。

1　张英：《吉林出土铜镜》，北京：文物出版社，1990年，第160页。

2　韩彬、冯国富、程云霞：《固原铜镜》，银川：宁夏人民出版社，2008年。

图 3　河南洛阳岳家村 479 号墓出土八瓣菱花形石家镜

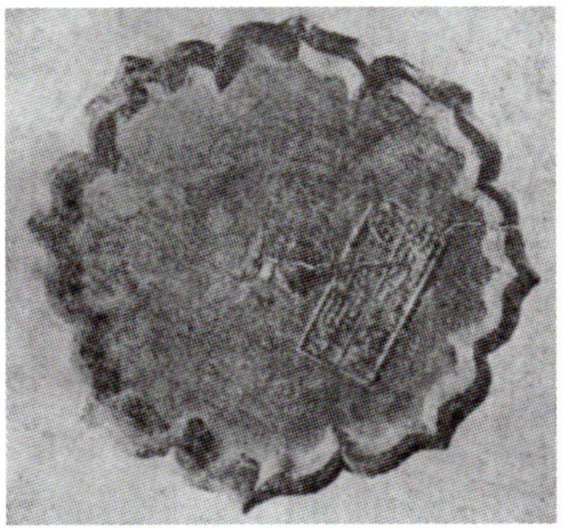

图 4　1983 年湖北罗田县南宋墓出土八瓣菱花形石家镜

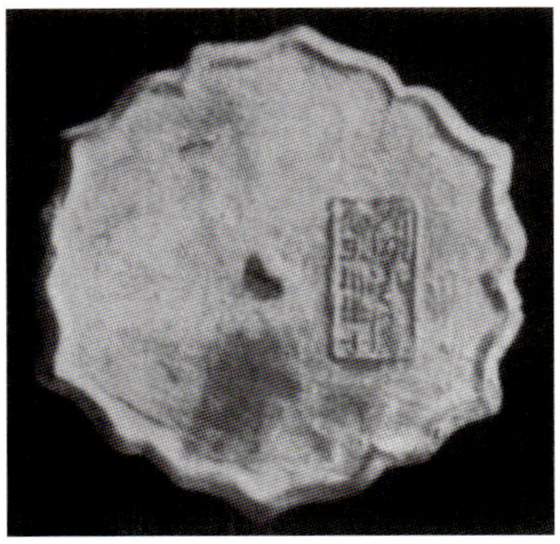

图 5　1965 年江西清江县宋墓出土六瓣菱花形石家镜

a 型　八瓣菱花镜。外缘为八瓣菱花形，宽缘，小钮，钮一侧有镜铭（图 3[3]）。如 1983 年湖北罗田县南宋墓出土镜，最大直径 11 厘米，镜铭“湖州真石家念二叔照子”（图 4）[4]。

b 型　六瓣菱花镜。外缘为六瓣菱花形，如江西清江南宋景定元年（1260 年）韩氏墓出土镜，最大直径 15 厘米，铭文为“湖州□□□念五□照子”（图 5）[5]。

3. 葵花形镜

圆形，外缘为葵花形，可分五型。

a 型　六瓣葵花镜。外缘为六瓣葵花形，小钮，钮一侧或两侧有镜铭。可分为两式。

Ⅰ式：外缘宽或宽扁（图 6[6]）。该类代表镜有广东省博物馆藏六瓣葵花形石家镜，直径 16 厘米，厚 0.3 厘米，铭文为“湖州南庙前街西石家念二叔真青铜照子记”（图 7）；浙江衢州市清水公社建中靖国元年（1101 年）判官蔡汉模墓出土镜，最大直径 11.5 厘米，镜铭“湖州真石家念二叔照子”[7]。

Ⅱ式：外缘窄（图 8[8]）。该类代表镜有广东省博物馆藏六瓣葵花形石家镜，直径 12.5 厘米，厚 0.2 厘米，铭文为“湖州真石家念二叔照子”“炼铜照子每两壹伯文”（见本书第 161 页图版）；浙江诸暨嘉泰元年（1201 年）董康嗣墓出土镜，最大直径 15.3 厘米，铭文为“湖州真正石家炼铜无比照子”[9]。

b 型　六瓣委角葵花镜。外缘为六瓣葵花形，每瓣葵花中间内凹，窄素缘，小钮，钮一侧有镜铭（图 9[10]、10[11]）。如浙江新昌城关镇南宋绍兴二十九年（1159 年）墓出土镜，最大直径 15 厘米，镜铭“湖

3　洛阳博物馆：《洛阳出土铜镜》，北京：文物出版社，1988 年，第 195 号镜。

4　罗田县文管所：《罗田县汪家桥宋墓发掘记》，《江汉考古》1985 年第 2 期。

5　薛尧：《江西南城、清江和永修的宋墓》，《考古》1965 年第 11 期。

6　安徽省文物考古研究所、六安市文物局：《六安出土铜镜》，北京：文物出版社，2008 年，第 218 号镜。

7　王士伦：《浙江省出土铜镜》，北京：文物出版社，1987 年，图版说明第 16 页。

8　北京大学中国考古学研究中心、杭州市文物考古所：《浙江省建德市大洋镇下王村宋墓发掘简报》，《考古与文物》2008 年第 4 期。

9　方志良：《浙江诸暨南宋董康嗣夫妇墓》，《文物》1988 年第 11 期。

10　南京市博物馆、南京市雨花区文管会：《南京南郊宋墓》，《文物》2001 年第 8 期。

11　张英：《吉林出土铜镜》，北京：文物出版社，1990 年，第 23 号镜。

图 6　安徽霍邱县文物管理所藏六瓣葵花形石家镜

图 7　广东省博物馆藏六瓣葵花形石家镜

图 8　浙江建德市大洋镇下王村宋墓出土六瓣葵花形石家镜

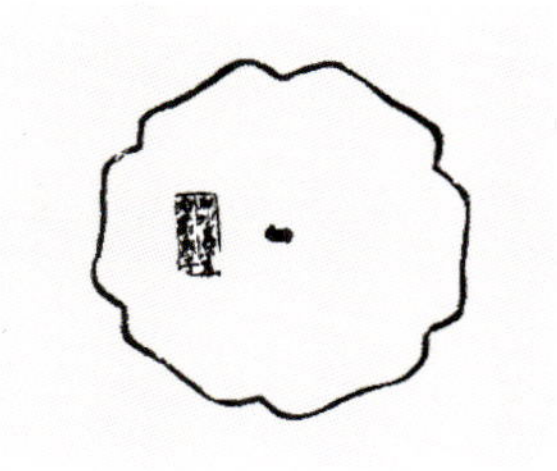

图 9　南京南郊宋墓 M7 出土六瓣委角葵花形石家镜

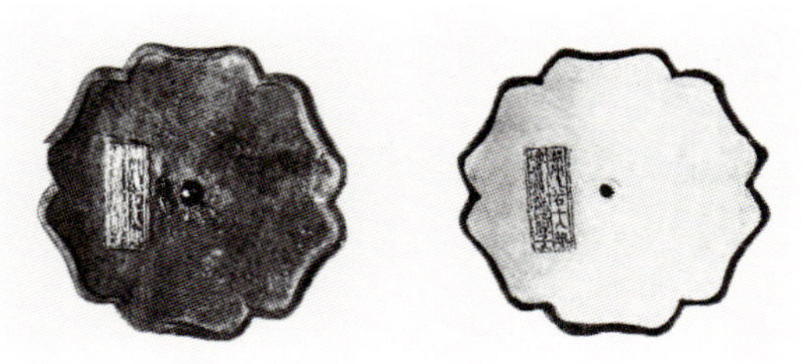

图 10　1979 年吉林前郭他虎城出土六瓣委角葵花形石家镜

州石十五郎炼铜照子”[12]。

c 型　八瓣葵花镜。外缘为八瓣葵花形，或宽或窄，基本为小圆钮，钮一侧有镜铭（图 11[13]）。陕西蓝田吕氏家族墓地出土镜两面，最大直径 19.5 厘米，镜铭“湖州南庙前街西石家念二叔真青铜照子记”，考古发掘者认为不晚于北宋晚期（图 12）[14]。广东省博物馆藏有一面，直径 22 厘米，厚 0.5 厘米，镜铭“湖州真石家念二叔照子”。

d 型　八瓣委角葵花镜。外缘为八瓣葵花形，每瓣葵花中间内凹，小钮，钮一侧或两侧有镜铭（图 13[15]、14[16]）。四川蒲江南宋庆元三年（1197 年）宋德章妻何氏墓出土镜，最大直径 18 厘米，铭文为“湖州石十三郎真炼铜照子”[17]。

e 型　六瓣双线弦纹葵花镜（图 15）[18]。

12　潘表惠：《浙江新昌收藏的宋代铜镜》，《考古》1991 年第 6 期。

13　王士伦：《浙江省出土铜镜》，北京：文物出版社，1987 年，第 159 号镜。

14　张蕴、刘思哲：《陕西蓝田县五里头北宋吕氏家族墓地》，《考古》2010 年第 8 期。

15　王士伦：《浙江省出土铜镜》，第 160 号镜。

16　四川省博物馆、重庆市博物馆：《四川出土铜镜》，北京：文物出版社，1960 年，第 53 号镜。

17　龙腾：《蒲江县宋朝散大夫宋德章墓出土文物》，《四川文物》1995 年第 2 期。

18　广西壮族自治区博物馆：《广西铜镜》，北京：文物出版社，2004 年，第 210 页。

图 11　浙江省博物馆藏八瓣葵花形石家镜

图 12　陕西蓝田吕氏家族墓地出土八瓣葵花形石家镜

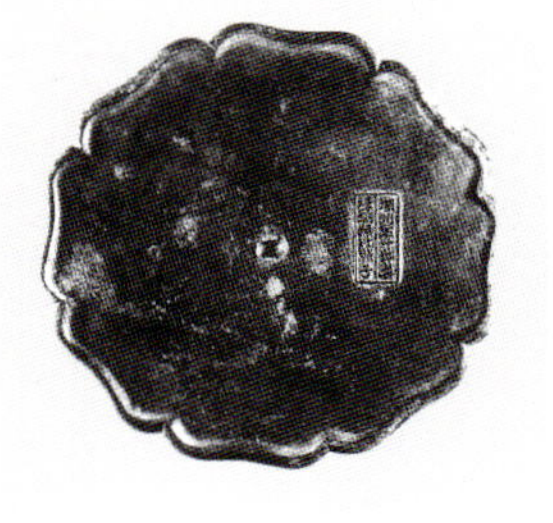

图 13　1973 年浙江上虞市上浦乡梅坞村出土八瓣委角葵花形石家镜

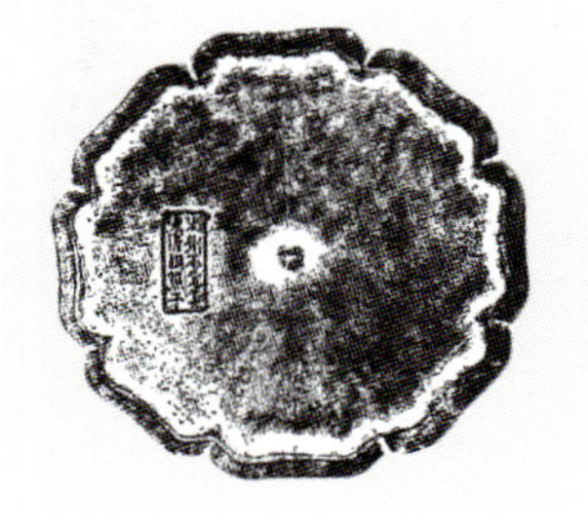

图 14　四川德阳黄许镇收集八瓣委角葵花形石家镜

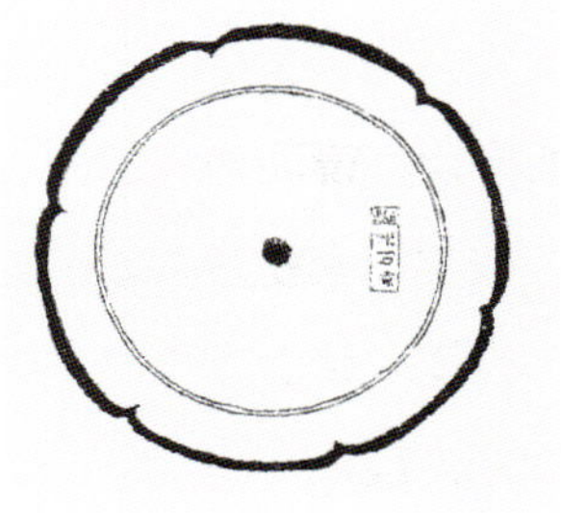

图 15　1982 年广西钟山县征集六瓣双线弦纹葵花形石家镜

4. 带柄形镜

镜铭在中间，可分为六型。

a 型　圆形带柄镜。镜面为圆形，下带长柄（图 16[19]）。该类代表镜有 1991 年安徽潜山宋墓出土镜，镜面直径 8.7 厘米，柄长 7 厘米，铭文“湖州真正石家青铜照子”，发掘者判断该镜的时代为北宋晚期；1980 年衢州市王家公社出土镜，镜面直径 14 厘米，柄长 11 厘米，铭文“湖州石十三郎真炼铜照子”[20]。

b 型　五瓣委角葵花带柄形镜。镜面为五瓣委角葵花形，下带一柄。如旅顺博物馆藏镜，镜面直径 11.8 厘米，柄长 8 厘米，镜铭“湖州石十五郎□□□□”（图 17）[21]。

19　吴水存：《九江出土铜镜》，北京：文物出版社，1993 年，第 113 号镜。

20　王士伦：《浙江省出土铜镜》，北京：文物出版社，1987 年，图版说明第 16 页。

21　旅顺博物馆：《旅顺博物馆藏铜镜》，北京：文物出版社，1997 年，第 233 页。

c 型　六瓣委角葵花带柄形镜。镜面为六瓣委角葵花形，下带长柄。如安徽楚文化博物馆藏镜，镜面直径 9.5 厘米，柄长 13 厘米，镜铭“湖州石□□□真□□□照子”（图 18）[22]。

d 型　八瓣委角葵花带柄形镜。镜面为八瓣委角葵花形，下带长柄（图 19[23]）。如武昌卓刀泉嘉定六年（1213 年）南宋墓出土镜，镜面直径 14.5 厘米，柄长 11.2 厘米，镜铭“湖州真正石家无比炼铜照子”[24]。

e 型　八瓣菱花带柄形镜。镜面为八瓣菱花形，下带长柄。该类代表镜有浙江龙游寺底袁宋代墓出土镜，镜面直径 14.4 厘米，柄长 8.2 厘米，镜铭“湖州石十五郎真炼铜照子”（图 20）[25]。

f 型　十二瓣葵花带柄形镜。镜面为十二瓣葵花形，下带直长柄或花瓶状长柄。如 1982 年安徽霍邱县宋店乡夹洲村出土镜，镜面直径 8.3 厘米，柄长 6.4 厘米，镜铭“湖州真石家念二叔照子”（图 21）[26]。

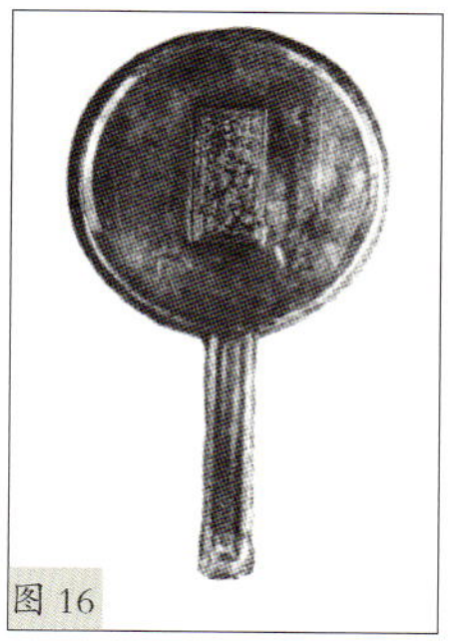
图 16

图 17

图 18

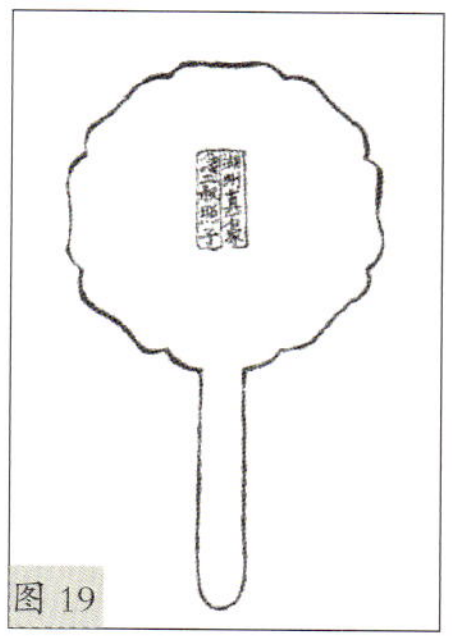
图 19

图 20

图 21

图 16　九江博物馆藏圆形带柄石家镜
图 17　旅顺博物馆藏五瓣委角葵花带柄形石家镜
图 18　安徽楚文化博物馆藏六瓣委角葵花带柄形石家镜
图 19　四川成都外东跳蹬河工地收集八瓣委角葵花带柄形石家镜
图 20　浙江龙游寺底袁宋代墓 M33 出土八瓣菱花带柄形石家镜
图 21　1982 年安徽霍邱县宋店乡夹洲村出土十二瓣葵花带柄形石家镜

5. 方形镜

镜面为方形，尺寸较小，最大的边长为 12.4 厘米，窄缘，小钮，在钮的一侧有镜铭（图 22[27]）。

22　安徽省文物考古研究所、六安市文物局：《六安出土铜镜》，北京：文物出版社，2008 年，第 248 页。
23　四川省博物馆、重庆市博物馆：《四川出土铜镜》，北京：文物出版社，1960 年，第 52 号镜。
24　湖北省文物管理委员会：《武昌卓刀泉两座南宋墓葬的清理》，《考古》1964 年第 5 期。
25　浙江省文物考古研究所：《浙江宋墓》，北京：科学出版社，2009 年，第 37 页。
26　安徽省文物考古研究所、六安市文物局：《六安出土铜镜》，第 249 页。
27　安徽省文物考古研究所、六安市文物局：《六安出土铜镜》，第 224 号镜。

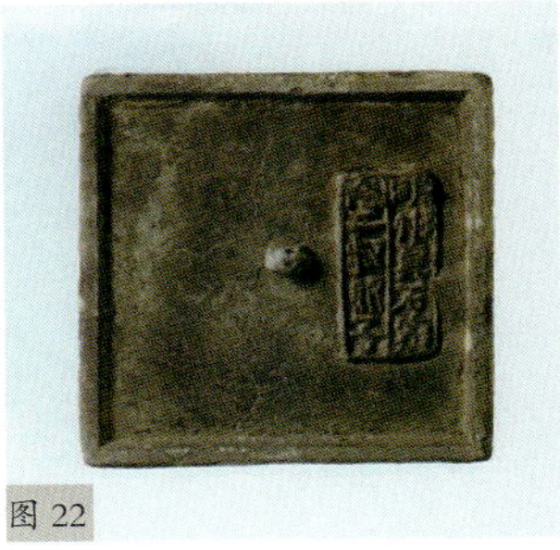
图 22

图 23

图 24

图 25

图 26

图 22　安徽霍邱县文物管理所藏方形石家镜
图 23　四川井研县金井坪宋墓出土“亚”字形石家镜
图 24　1988 年安徽舒城县税务局出土心形石家镜
图 25　1982 年江西星子县（今庐山市）泽乡出土钟形石家镜
图 26　垸西博物馆藏长方形石家镜

6.“亚”字形镜

镜面为方形，四委角，尺寸较大，窄缘，小钮，钮右侧有铭文。如四川井研县金井坪宋墓出土镜，边长 17.1 厘米，铭文“湖州仪凤桥真正石家青铜镜”（图 23）[28]。

7. 心形镜

镜面为心形，窄缘，小钮，钮一侧有镜铭（图 24[29]）。

8. 钟形镜

镜面为钟形，镜纹以凸线构成八个方框，窄缘，镜铭在中间。如 1982 年江西星子县（今庐山市）泽乡出土镜，长 14.5 厘米，宽 10.5 厘米，铭文“湖州石家念二叔照子”（图 25[30]）。

9. 长方形镜

镜体为长方形，窄缘，尺寸较大，长 36.3 厘米，宽 26 厘米，镜铭在钮下方。如安徽垸西博物馆藏镜，长 36.8 厘米，宽 26 厘米，镜铭“湖州石十五郎炼铜照子”，镜面微凸，光亮可鉴（图 26）[31]。

28　四川省文物考古研究院、井研县文物管理所：《四川井研县金井坪宋代墓地发掘简报》，《四川文物》2012 年第 1 期。

29　安徽省文物考古研究所、六安市文物局：《六安出土铜镜》，北京：文物出版社，2008 年，第 226 号镜。

30　吴水存：《九江出土铜镜》，北京：文物出版社，1993 年，第 107 号镜。

31　安徽省文物考古研究所、六安市文物局：《六安出土铜镜》，第 251 页。

二、石家镜的镜铭分类

镜铭是石家镜最为人称道的要素，其组成形式丰富多样，可分为六类。

第一类："湖州石家""湖州石家照子""湖州石家青铜照子"等，此类最为简明，作为主语的"照子"前只有简单的定语，概略标明产地和商家名号（表 1）。

表 1　第一类石家镜镜铭

镜　铭	时　代	器　形	来　源
湖州石家（单框）	宋代	六瓣双线弦纹葵花形	广西钟山县征集
湖州石家照子	南宋淳祐十年（1250 年）	八瓣委角葵花形	福建神州茶园山徐峻妻陈氏墓出土
湖州石家青铜铃子	北宋晚期	八瓣委角葵花形	1991 年安徽潜山宋墓出土
湖州石家清铜照子		长方形	江南武进村前 M5 出土
湖州石家青铜照子	北宋晚期至南宋早期	心形	南京南郊宋墓 M12 出土
		八瓣葵花形	1980 年四川三台县宋墓出土
湖州石家青铜照子记□	宋代	八瓣葵花形	1976 年广西藤县供电所出土

第二类："湖州真石家炼铜照子""湖州真正石家青铜照子""湖州祖家真石家炼铜镜"等，此类铭文最大的特点是增加了"真""真正"和"祖家"等强调商家为石家铸镜正宗嫡传的宣传用词，以达到更好推销自家产品的目的，包含了商品竞争的意义，这类铜镜出土的最早纪年为北宋皇祐三年

（1051 年）[32]。在北宋中晚期墓葬出土的 17 面石家镜中至少有 11 面是这类铭文（表 2），比例达到 65%，由此可见北宋中晚期的石家镜已然成为社会民众心中十分认可的镜类品牌，也体现出了激烈的商品竞争气氛。

表 2　第二类石家镜镜铭

镜　铭	时　代	数　量	比　例
湖州祖家真石家炼铜镜	皇祐三年（1051 年）	1	
湖州真石家念二叔照子	北宋中晚期	4	
		1	
		1	65%
		1	
		1	
湖州真正石家青铜照子	北宋晚期	1	
湖州真正石念二叔照□	北宋晚期至南宋早期	1	
其他镜铭	北宋晚期	6	35%
总　计		17	

第三类：“湖州真石家六叔照子记”“湖州石十五郎炼铜照子”“湖州石念二叔男十八郎照子”“湖州石念二叔孙男五十一郎照子”“湖州南真正承父王石家三叔炼铜照子”等（表 3，图 27[33]）。这类镜铭是石家镜铭文中最为常见的，其明显摆脱了第二类的单一商品宣传，在“石家”这面过硬的招牌下努力创造具有自身特点的自主品牌，体现出各石家镜铺对自己产品的信心，而且还可以清晰地看到家庭作坊技艺的传承，此类镜铭透露出石家镜的发展已达到高峰。

32　《江苏江阴北宋葛闳夫妇墓》，《文物资料丛刊》(10)，北京：文物出版社，1987 年。

33　王纲怀：《三槐堂藏镜》，北京：文物出版社，2004 年，第 172 号镜；四川省文物考古研究院、井研县文物管理所：《四川井研县金井坪宋代墓地发掘简报》，《四川文物》2012 年第 1 期，第 52 号镜；王士伦：《浙江省出土铜镜》，北京：文物出版社，1987 年，图版说明第 16 页；安徽省文物考古研究所、六安市文物局：《六安出土铜镜》，北京：文物出版社，2008 年，第 246 页。

表 3　第三类石家镜镜铭

镜　铭	数　量	比　例
石三郎照子	1	1.8%
念五郎照子	2	3.6%
石十五郎照子	3	5.5%
石二叔照子	1	1.8%
石六叔照子	3	5.5%
石念二叔照子	42	76.4%
石念二叔孙男五十一郎照子	1	1.8%
石念二叔男十八郎照子	1	1.8%
真正承父王石家三叔炼铜照子	1	1.8%
总　计	55	

图 27　第三类石家镜镜铭

第四类：“湖州石家法炼青铜照子”“湖州石十郎真炼铜无比照子”“胡州真石念二叔无比炼铜照子”“湖州石十三郎真炼铜照子”“湖州石十六郎真炼青铜照子”“湖州真正石家无比炼铜照子”等，还有些铜镜会在镜钮的另一侧铸有“炼铜每两佰”“每两一百足”“每两壹佰文”等商业用语。此类铭文又有了新的变化，各个石家商铺通过“真炼铜”“无比炼铜”等宣传用语重点强调铜镜质量上乘，更有甚者在铜镜上直接明码标价，按质量论价。笔者通过整理资料发现，有 21 面具有此类镜铭的石家镜出土于年代较为明确的宋墓，其中有 18 面来自南宋纪年墓葬，占总数的 86%（表 4）。如江西德兴市场乾道元年（1165 年）南宋徐衍墓出土镜[34]、杭州北大桥淳熙元年（1174 年）南宋墓出土镜[35]、武昌卓刀泉嘉定六年（1213 年）南宋墓出土镜等[36]。

表 4　第四类石家镜镜铭

<table>
<tr><th>镜　铭</th><th>时　代</th><th colspan="2">数　量</th><th>比　例</th></tr>
<tr><td>真青铜</td><td>北宋晚期</td><td>2</td><td rowspan="2">3</td><td rowspan="2">14%</td></tr>
<tr><td>真炼青铜</td><td>北宋</td><td>1</td></tr>
<tr><td>真炼青铜</td><td>南宋</td><td>1</td><td rowspan="10">18</td><td rowspan="10">86%</td></tr>
<tr><td rowspan="2">真青铜</td><td>绍兴十七年（1147 年）</td><td>1</td></tr>
<tr><td>南宋</td><td>3</td></tr>
<tr><td rowspan="3">真炼铜</td><td>庆元三年（1197 年）</td><td>1</td></tr>
<tr><td>南宋中期</td><td>1</td></tr>
<tr><td>南宋</td><td>2</td></tr>
<tr><td rowspan="2">真炼铜无比</td><td>乾道元年（1165 年）</td><td>1</td></tr>
<tr><td>南宋</td><td>1</td></tr>
<tr><td rowspan="2">无比炼铜</td><td>淳熙元年（1174 年）</td><td>1</td></tr>
<tr><td>嘉定六年（1213 年）</td><td>1</td></tr>
</table>

34　孙以刚：《江西德兴市宋乾道徐衍墓》，《考古》1995 年第 2 期。

35　浙江省文物考古研究所：《杭州北大桥宋墓》，《文物》1988 年第 11 期。

36　湖北省文物管理委员会：《武昌卓刀泉两座南宋墓葬的清理》，《考古》1964 年第 5 期。

续表 4

镜 铭	时 代	数 量	比 例
炼铜无比	庆元六年（1200 年）	1	
	庆元六年	1	
真（？）炼铜	南宋早期	1	
真正一色	南宋	1	
法炼生铁	南宋	1	
总 计		21	

第五类：“湖州南庙前街西石家念二叔真青铜照子记”“湖州仪凤桥南石三郎青铜镜门前银牌为号”“湖州仪凤桥南酒楼相对石家真青铜照子记”等（表 5）。此类镜子做工精良，质量上乘，如陕西蓝田北宋吕氏家族墓地出土两面八瓣葵花镜[37]，铭文为“湖州南庙前街西石家念二叔真青铜照子记”，最大直径 19.5 厘米，厚 0.5 厘米，重 700 余克；广东省博物馆收藏一面有相同铭文的六瓣葵花镜，直径 16 厘米，厚 0.3 厘米；四川井研县金井坪宋墓出土“亚”字形镜[38]，铭文“湖州仪凤桥真正石家青铜镜”，边长 17.1 厘米，厚 0.7 厘米，重量 605 克，均为体大厚重、制作精良的镜子。仪凤桥是湖州府内第二重要的桥梁，在地方志中常用此桥作为地标，《日本藏中国罕见地方志业丛刊 [成化]·湖州府志》第三卷第 29 页记载了元代湖州府内诸多坊的位置都是以仪凤桥为基准的，如“探花坊在仪凤桥南转东；赐进士第坊在仪凤桥北；月严秋香、曲江春色二坊在仪凤桥直南；进士第坊在仪凤桥北转西眺谷桥畔……武功坊在仪凤桥直南千户所西□口等”[39]。石家商铺如此清晰地在镜铭里标明自家店铺的方位，一方面是便于消费者依据镜铭所示轻易地找到所售铜镜的商铺，另一方面其表现出对所铸铜镜质量的自我肯定和充分自信，以上所举高品质的铜镜与自信的宣传铭文是相得益彰的。

第六类：“湖州石道人法炼青铜镜”“石店”等镜铭。

以上分类并不能涵盖所有的石家镜铭文，还有一些比较少见，甚至可能是错误的铭文，此文不再赘述。

37 张蕴、刘思哲：《陕西蓝田县五里头北宋吕氏家族墓地》，《考古》2010 年第 8 期。

38 四川省文物考古研究院、井研县文物管理所：《四川井研县金井坪宋代墓地发掘简报》，《四川文物》2012 年第 1 期。

39 张志平：《日本藏中国罕见地方志业丛刊》，《文献》1991 年第 4 期。

表 5 第五类石家镜镜铭

镜 铭	器 形	时 代	物理特征			来 源
			直径（厘米）	厚度（厘米）	重量（克）	
湖州南庙前街西石家念二叔真青铜照子记	八瓣葵花形	北宋后期	19.5	0.5	709	陕西蓝田吕氏家族墓地出土
湖州南庙前街西石家念二叔真青铜照子记	八瓣葵花形	北宋后期	19.5	0.5	703	陕西蓝田吕氏家族墓地出土
湖州南庙前街西石家念二叔真青铜照子记	六瓣葵花形		16	0.3		广东省博物馆收藏
湖州南庙前街西石家念二叔真青铜照子记	方形	绍兴十七年（1147年）	8.7	0.3		2005 年温州景山南宋墓出土
湖州仪凤桥真正石家青铜镜	“亚”字形	南宋中期	17.1	0.7	605	四川井研县金井坪宋墓出土
湖州仪凤桥石家真正一色青铜铸	六瓣葵花形	南宋	14.7		235	洛阳手表厂出土
湖州仪凤桥南石家照子	八瓣菱花形	宋代	14.7		218	洛阳岳家村 479 号墓出土

三、石家镜的分期讨论

在以往的研究中，均是将石家镜作为湖州镜重要组成部分加以介绍的，并无对其进行单独的分期。在笔者整理的石家镜资料中，有 26 面出土于纪年墓葬，20 面有较为明确的年代，通过研究比较，可以大致摸清石家镜的分期。

首先探讨石家镜的产生时代。我们先从考古类型学的角度入手，1982 年广西钟山县征集了一面铭文为“湖州石家”的六瓣双线弦纹葵花镜（见图 15），这是目前所知铭文最为简单的石家镜之一（另一面心形镜铭文“石店”），特别的是该镜背面有双线弦纹，这与其他朴实无华的素面石家镜略有不同，体现出一些早期特点。管维良的《中国铜镜史》一书中收录的唐代素镜中就有背面呈双弦纹的圆镜（图 28）和具有小镜钮的六瓣葵花形素镜（图 29）[40]，素镜是五代宋墓出土较多的镜类之一，其形式有圆形、葵瓣形、菱花形、带柄形，以六瓣形、六菱形居多，有的在镜背素地上铸出几道弦纹[41]。而钟山县征集的这面石家镜从形制上充分体现出了唐、五代素面镜的特征，加之简单的商品铭文，可判断其为一面早期的石家镜，可是它早到什么时期呢？1986 年江苏常州市红梅新村宋墓出土一面镜铭为“湖州真石家念二叔照子”的六瓣葵花形镜（图 30）[42]，最大直径 13 厘米，厚 0.25 厘米，该镜与钟山县征集的石家镜形制基本一致，不同之处是双弦纹已经消失，镜铭变成更为标准的商品用词。根据该墓葬的木棺结构分析，区别于北宋后期的长方箱形木棺，而与江西省彭泽县在 1973 年 3 月发现的北宋元祐五年（1090 年）墓的木棺相似，出土的钱币最晚为宋仁宗宝元年间（1038—1040 年）的皇宋通宝，为北宋中期偏早铸造的钱币，由此发掘者判断红梅新村宋墓应为北宋中期墓葬。已知北宋中晚期纪年墓葬出土的石家镜，镜铭均比较复杂，多为双框或三框，尚未发现单框的镜铭。综合以上观点，钟山县征集的石家镜应在五代至北宋中期之间。

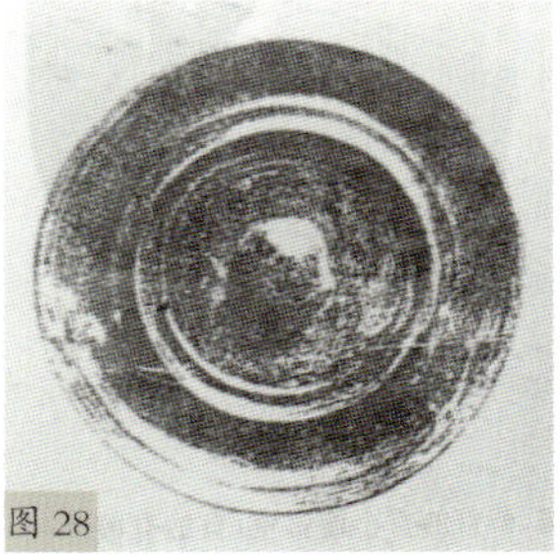
图 28

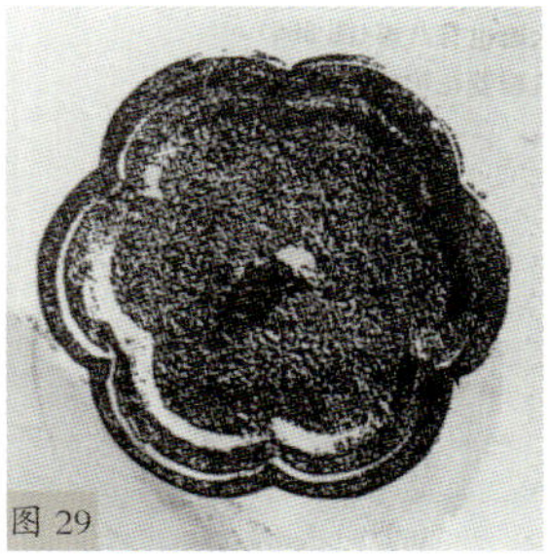
图 29

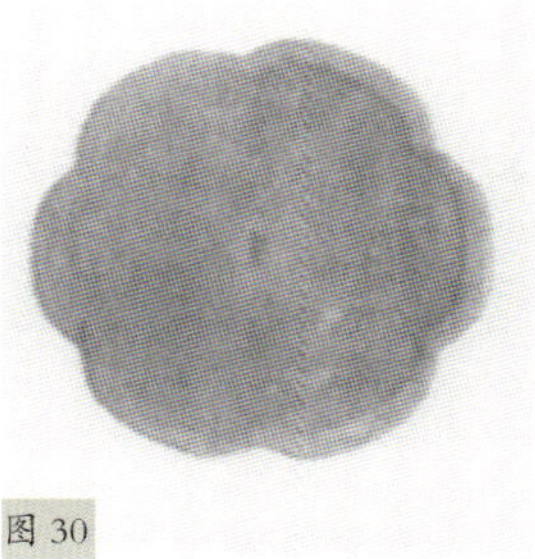
图 30

图 28　双弦纹铜镜

图 29　六瓣葵花形素镜

图 30　红梅新村宋墓出土“湖州真石家念二叔照子”六瓣葵花形镜

40　管维良：《中国铜镜史》，重庆：重庆出版社，2006 年，第 232 页。

41　孔祥星、刘一曼：《中国古代铜镜》，北京：文物出版社，1984 年，第 186 页。

42　常州市博物馆：《江苏常州市红梅新村宋墓》，《考古》1997 年第 11 期。

再对北宋中期的石家镜铭做以分析，以上所举的江苏常州市红梅新村宋墓出土镜的镜铭中有一个“真石家”字样，无独有偶，目前所知最早纪年的石家镜——江苏江阴皇祐三年（1051年）北宋葛闳夫妇墓出土镜[43]，方形，镜铭“湖州祖家真石家炼铜镜”，其铭文中也有“真石家”三字，其中透露出的信息耐人思索。由此可以判断，至北宋中期湖州的石家铸镜已颇为流行，成为当时社会上认同的一个品牌镜类，与此同时也形成了多家石姓商铺相互竞争的局面，这一切都不可能是一个商品在初期就能够达到的，必定经过了较长时期的发展。而且从葛闳夫妇墓出土镜铭文中还可看出铸此镜的石姓匠人已不是第一代，祖上既已铸镜，加之铜镜流行的时代一般早于埋入墓葬的时代，因此有理由推测出石家祖上铸镜的时代应早于北宋中期。综合两方面的结论，笔者认为石家镜应产生于北宋早期，应是从无铭文的素镜逐步演变为铭文镜的。

其次探讨石家镜的繁盛年代。经过整理，46面有年代的石家镜在各时期的数量为北宋中期2面、北宋晚期16面、南宋早期5面、南宋中期20面、南宋晚期3面。铜镜作为日常生活用具，有很长的使用期，其埋葬的年代应晚于其流行的年代。因此可见，石家镜在北宋晚期的数量并不少于南宋中期。

在16面北宋晚期的石家镜中，有圆形1面、八瓣菱花形1面、六瓣菱花形1面、六瓣葵花形4面、八瓣葵花形2面、六瓣委角葵花形1面、八瓣委角葵花形2面、圆形带柄形1面、十二瓣葵花带柄形1面、心形1面、钟形1面。

在20面南宋中期的石家镜中，有八瓣菱花形2面、六瓣葵花形7面、八瓣葵花形1面、六瓣委角葵花形1面、八瓣委角葵花形2面、八瓣菱花带柄形2面、八瓣委角葵花带柄形1面、带柄形（原始资料不全）1面、心形1面、方形1面、“亚”字形1面。

方形和“亚”字形镜是唐代旧有的镜形。从统计的情况看南宋中期较之北宋晚期，除带柄形镜的形式有些增多，其他的镜形并无太大的变化。

通过统计以上46面石家镜的镜体尺寸可知，北宋晚期的六瓣葵花形镜直径最大为21厘米，出土于江西遂川县政和六年（1116年）显谟阁学士郭知章墓[44]，南宋时期的六瓣葵花镜最大直径为17.2厘米，出土于江西德兴市场宋徐衍墓[45]；北宋晚期的八瓣葵花形镜最大直径为19.5厘米，出土于陕西蓝田吕

43　《江苏江阴北宋葛闳夫妇墓》，《文物资料丛刊》(10)，北京：文物出版社，1987年。

44　陈柏泉：《宋代铜镜简论》，《考古与文物》1985年第4期。

45　孙以刚：《江西德兴市宋乾道徐衍墓》，《考古》1995年第2期。

氏家族墓[46]，南宋时期的八瓣葵花形镜最大直径为17.2厘米，出土于浙江诸暨南宋董康嗣夫妇墓[47]；北宋中晚期的方形镜最大边长为10.5厘米，南宋时期的方形镜最大边长为8.7厘米，出土于温州景山绍兴丁卯（1147年）墓[48]。从这些数据看，南宋中期的石家镜尺寸并没有超过北宋晚期的镜子，反而有些退步。

通过分析比较北宋晚期与南宋中期的石家镜数量、镜形及镜体大小，可知在北宋晚期时石家镜的发展已至高峰，南宋时并无太大的发展，反而在某些方面开始呈现出衰退的迹象。

综合以上因素，湖州石家镜始铸的年代应为北宋早期，至北宋中晚期已大为流行，进入南宋后开始衰落，于南宋晚期退出人们的视线，整个发展可分为四期，具体为：

产生期：北宋早期。镜形主要有圆形、方形、“亚”字形、六瓣和八瓣葵花形、八瓣菱花形等唐代的旧式镜形，边缘较宽，小钮，背为素面或有简单弦纹，出现了有“湖州石家”的简单镜铭。此时的石家镜产量较少，还没有形成有影响力的品牌作用。如1982年广西钟山县征集的“湖州石家”六瓣双线弦纹葵花镜。

发展鼎盛期：北宋中晚期。镜形丰富多样，主要有圆形、“亚”字形、八瓣菱花形、六瓣和八瓣葵花形、带柄形、方形、钟形、心形、长方形等。边缘较宽，背素小钮。镜铭中出现了“石家”“石念二叔”“石家六叔”“石十五郎”等店号，少数铭文还带有“真青铜”“真炼青铜”等字。此时的石家镜因其精良的做工和较高的质量，以及重实用不尚花纹的鲜明特征，颇受大众的欢迎，成为当时流行的商品，并形成了激烈的商品竞争。至北宋晚期，精制的石家镜甚至受到了皇族贵胄和士大夫阶层的关注。如建中靖国元年（1101年）判官蔡汉模墓出土镜（图31[49]），陕西蓝田吕氏家族墓出土镜（见图12）。

衰退期：南宋早中期。继承了北宋晚期的各种镜形，镜缘变窄，镜体变薄，与石家有关的镜铭繁复多样，新出现的有“石念二叔孙男五十一郎”“石念二叔男十八郎”等铭文，此时镜铭中大量出现“法炼”“真炼铜”“真炼青铜”“真炼铜无比”“无比炼铜”等字，还有些铜镜会在镜钮的另一侧铸有“炼铜每两佰”“每两一百足”“每两壹佰文”等铭文（图32[50]、33[51]），仍具

46 张蕴、刘思哲：《陕西蓝田县五里头北宋吕氏家族墓地》，《考古》2010年第8期。

47 方志良：《浙江诸暨南宋董康嗣夫妇墓》，《文物》1988年第11期。

48 温州市文物保护考古所：《浙江温州南宋赵叔仪夫妇墓的发掘》，《东南文化》2006年第4期。

49 王士伦：《浙江省出土铜镜》，北京：文物出版社，1987年，第165号镜。

50 四川省博物馆、重庆市博物馆：《四川出土铜镜》，北京：文物出版社，1960年，第55号镜。

51 王士伦：《浙江省出土铜镜》，第169号镜。

有较强的商品影响力。

没落期：南宋晚期。此时的石家镜镜小体薄，制作粗糙，质量较之以前有明显退步，商品影响力大大减弱，逐步淡出历史舞台。

图 31

图 32

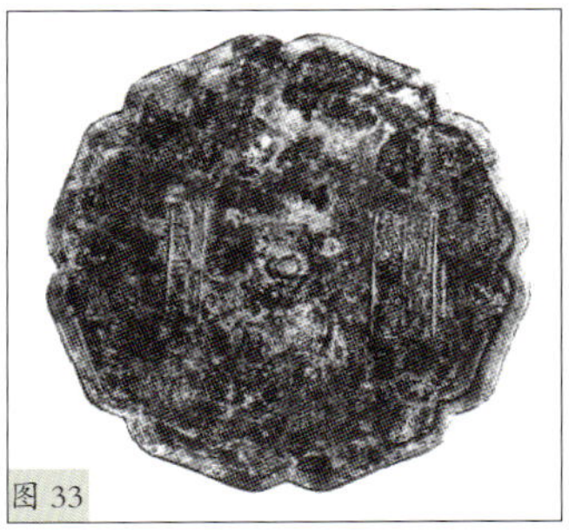
图 33

图 31　建中靖国元年判官蔡汉模墓出土镜
图 32　成都白马寺收集“炼铜每两佰”铭镜
图 33　1981 年临海县两头门黄泥坦宋墓出土“每两壹佰文”铭镜

四、其他问题

石家镜店铺位置。镜铭中反映店铺位置信息的主要分为两类。一是以湖州仪凤桥为基准指明位置的，如“湖州仪凤桥南石家照子”“ 湖州仪凤桥南酒楼相对石家真青铜照子记”等，前文提到，仪凤桥是湖州府内第二重要的桥梁，在地方志中常用此桥作为地标；二是以湖州南庙前街为基准指明位置的，如北宋晚期陕西蓝田吕氏家族墓出土镜，铭文为“湖州南庙前街西石家念二叔真青铜照子记”，此铭文一般有几种解读，“湖州—南庙—前街”“湖州南—庙—前街”或“湖州南—庙前街”。《湖州府志》中没有“南庙”与“庙前街”，却记载了湖州府城内共有 14 处庙，城南有 3 座，其中 2 座位于仪凤桥南，镜铭中的“湖州南—庙”或者“湖州—南庙”就有可能是其中之一。由此可见，两宋时期石家镜的主要店铺集中在湖州南仪凤桥一带。

石家镜的衰落。从前文的分期讨论可知，南宋后石家镜开始进入衰落时期。其中一个原因与南宋时期“铜荒”与“铜禁”有关。北宋时，全国铜产量常保持在百万斤以上，南渡后，坑冶兴废不常，岁入各有不同，《宋史》卷一八五载，绍兴三十二年（1162 年）时，岁入铜 7057260 斤有奇，乾道二年（1166 年）则岁入铜降至 263160 斤，原料供给的不稳定势必影响到铜镜制作的数量与质量。宋代铜业管理制度较严格，屡有铜禁之事，高宗继统初年规定，军器、铜器等属于禁榷范围，民间不得私自经营，自然影响了家族作坊式经营的各石家镜铺的利益，打击了其开拓创新的积极性。另有一个重要原因，文献记载南宋绍熙三年（1192 年）仪凤桥附近居民遗火，大火将该桥烧毁，后改名为绍熙桥，后又复其旧名。石家镜铺集中于仪凤桥一带，那么各石家镜铺的受灾程度不言而喻。从十余面有准确纪年的石念二叔镜来看，没有一面出土于绍熙三年以后的宋墓，而从笔者收集的所有纪年石家镜来看，只有八面镜子出土于绍熙三年以后的宋墓，而其中六面集中于火灾之后的二十年内，从流行年代与埋葬年代的合理时间差来分析，这六面镜子也极有可能流行于仪凤桥失火之前。由此推测，湖州镜从绍熙三年之后快速衰落。

后记

《广东省博物馆藏品大系 铜器与钱币卷》是我馆第一部独立成卷的、展示我馆铜器和钱币藏品的图录。本卷旨在系统整理我馆收藏的传世铜器、钱币类文物，对我馆这两类文物的收藏情况进行总结，为今后丰富馆藏、加深研究、更好地传播中华优秀传统文化起到抛砖引玉的作用。

本卷编辑过程中，力求通过对文物整体和细节的图片展示，对文物外观的描述和文化背景的介绍，达到资料性、学术性和可读性的目标。希望读者能从图文并茂、深入浅出的描述中，了解文物，读懂文物的文化内涵。在遴选收录文物时，以三个方向为宗旨：一、尽可能全面展示各历史时期的铜器和钱币传世文物。自商代至民国，我们收录的文物涵盖了大部分历史时期，基本反映铜器和钱币各历史阶段的面貌。二、反映广东省博物馆传世铜器和钱币的收藏特点，加以重点介绍和展示。在馆藏传世铜器中，尤以铜香炉、铜镜、造像、铜鼓几类文物藏量丰富，不乏精品。传世钱币收藏中，清末和民国时期机制币数量占优，品相上乘，且有一定数量的珍稀品。三、老面孔与新面孔兼顾。在本卷收录的文物中，部分文物在我馆已出版的《广东省博物馆藏品选》及其他展览图录中曾有收录，有一定的学术研究基础。此外，我们增加了众多未曾出版或展出过的文物，一方面展示馆藏特点，另一方面响应藏品信息公开的政策要求，方便学术研究与交流。

在编撰过程中，馆领导给予了大力支持，参与编写的人员精心遴选文物，严谨细致地撰写和勘校，付出大量心血。为出版图录而专门返聘的摄影师刘谷子老师，不辞辛苦，认真负责。本卷得以顺利完成，还有赖于青铜器及钱币界知名专家广西壮族自治区前馆长蒋廷瑜先生、中国钱币博物馆馆长周卫荣先生、西北大学文化遗产学院尹夏清教授、学术顾问吴镇烽教授和袁宏磊先生的鼎力相助，以及本馆其他同事、文物出版社编辑、雅昌公司工作人员的大力支持，借此一并感谢！

本书部分用字尊重历史用法，如有不足或错漏之处，敬请方家指正。

编者

2023 年 10 月